पान

(उपन्यास)

पान

लेफ्टिनेंट टॉमस ग्लान के काग़ज़ात से

क्नूत हाम्सन

अंग्रेज़ी से अनुवाद

तेजी ग्रोवर

वाणी प्रकाशन

वाणी प्रकाशन का 'लोगो'
विख्यात चित्रकार मक़बूल फ़िदा हुसेन की
कूची से

वाणी प्रकाशन
21-ए, दरियागंज, नयी दिल्ली-110002
द्वारा प्रकाशित
फोन : 0091#11#23273167, 23275710
फैक्स : 0091#11#23275710
ई-मेल: vaniprakashan@gmail.com
vani_prakasha n@yahoo.com
वेबसाइट : www.vaniprakashan.com
प्रथम संस्करण : 2003
द्वितीय संस्करण : 2008

मूल्य : 200.00
आवरण : अवधेश कुमार
आर.के. ऑफसेट, शाहदरा, दिल्ली-110032
द्वारा मुद्रित

PAN
by : Knut Hamsun (Norwegian Novelist)
Translated by : Teji Grover

'क्या हम हाम्सन को पढ़ना छोड़ दें'[1]

1888 में जब क्नूत हाम्सन लगभग तीस के थे, वे भूख से मर रहे थे "एक अटारी में जो चन्द्रमा से सिर्फ़ तीन फुट की दूरी पर थी," और उनका अब तक का हासिल कुछ भी नहीं था। अब तक नार्वे के साहित्यिक परिदृश्य से घनघोर नैराश्य ही उन्हें मिला था, और अमरीका तक में तरह-तरह की कड़ी मज़दूरी कर चुकने के बाद भी नार्वे लौटने पर भी उन्हें कड़े श्रम और भुखमरी का सामना करना पड़ा।

एक उपन्यास की अधूरी पाण्डुलिपि उनके पास थी जिसका पहला वाक्य था "यह उस समय की बात है जब मैं क्रिस्तियानिया में भूख से मर रहा था, उस शहर में जिसकी छाप लिए बिना कोई उसे छोड़ नहीं सकता..." उस शहर में उपजे अवसाद को मन में लिए ही वे ***भूख*** की अधूरी पाण्डुलिपि लिए एक प्रकाशक से मिलने गये थे। उसी साल पतझड़ के मौसम में ***भूख*** की वह अधूरी पाण्डुलिपि छप गयी, और लगभग रातों-रात हाम्सन सकान्दिनेविया के दिग्गज लेखकों में शरीक माने जाने लगे।

अगले कुछ सालों में ***रहस्य*** और ***पान*** प्रकाशित हुए। इन तीन किताबों की आत्मलक्षी शैली उस समय के लिए चौंका देने की हद तक नयी थी, और कई मायनों में अब तक भी बेजोड़ ही साबित हुई है। इन उपन्यासों की बदौलत लेखक आक्सेल सान्देमूसे के अनुसार अन्य नार्वीजी लेखक तो नार्वे में ही विश्व-प्रसिद्ध हैं लेकिन हाम्सन विश्व में विश्व-प्रसिद्ध हैं। यूरोपीय साहित्य में हाम्सन आधुनिक औपन्यासिक विधा के अग्रज की हैसियत से प्रतिष्ठित हैं और नार्वे में कोई लेखक स्वयं को हाम्सन की श्रेणी में रख पाने की हिमाक़त नहीं करता।

फिर इस भूमिका के शीर्षक से हाम्सन के बारे में अभी तक लेख क्यों

---

1. हाम्सन के समर्थन में लिखा स्वीडी आलोचक गुन्नार डी हान्सन का एक महत्वपूर्ण लेख

लिखे जा रहे हैं? हाम्सन का नाम हर नार्वीजी के मन के एक रिसते हुए घाव की तरह क्यों अंकित है? नार्वे में हाम्सन की किताबें हज़ारों लोग चोरी-चोरी ख़रीद कर क्यों पढ़ते हैं? जी-जान से प्यारे इस लेखक को लेकर हम-वतन इस हद तक मन ही मन आहत क्यों हैं? नार्वे का कोई मार्ग हाम्सन-मार्ग नहीं कहलाता न अगले कई वर्षों तक कहलायेगा। इस सबके बावजूद हर वर्ष हाम्सन की हर किताब की 30,000 प्रतियाँ यींलदॉल प्रकाशन से बिकती हैं। अमरीकी उपन्यासकार हैनरी मिलर के अनुसार अगर ये 30,000 प्रतियाँ केवल नात्ज़ी ही खरीद रहे होते तो नार्वे का भविष्य काफ़ी मनहूस दिखायी देता।

दुनिया के नक़्शे में उत्तर यूरोप के नन्हीं सी इल्ली-नुमा इस देश में जहाँ मीलों-मील लोग ढूँढे नहीं मिलते, हाम्सन को पढ़ने और चाहने वाले लोग बड़ी संख्या में पाये जाते हैं–यह साहित्य में शिद्दत से जीने-मरने वाले लोग हैं। हो सकता है वे हाम्सन नाम की पहेली से क्षुब्ध, आहत और अचम्भित हों, लेकिन वे हाम्सन को इस कौतूहल से तो निश्चित ही नहीं पढ़ते कि देखें तो सही कि हिटलर के समर्थक इस विक्षिप्त लेखक की किताबों में उस ख़ौफनाक विचारधारा के कोई संकेत मौजूद भी है या नहीं। हम उन नात्ज़ी सैनिकों के बारे में भी आख़िर क्या जानते हैं जो हाम्सन के महाकाव्यात्मक उपन्यास ***माटी की फ़सल*** को अपनी वर्दी की सीने वाली जेब में लिये लिये इतिहास के क्रूरतम अध्यायों में गोटियों की तरह चले जा रहे थे? साहित्यिक कृतियों को जुनून की हद तक चाहने वाले लोगों का लघुतम समापवर्त्य आख़िर क्या हो सकता है और इन कृतियों के लेखकों का?

कोरे तथ्य इस प्रकार है –नार्वे 1940 से 1945 तक नात्ज़ी जर्मनी के कब्ज़े में था। नार्वे में तो हाम्सन अगाध प्रेम और श्रद्धा के पात्र थे ही, लेकिन अब तक तो वे दुनिया भर के इने-गिने दिग्गजों में माने जाने लगे थे। नार्वे में जर्मनी की उपस्थिति के रहते हाम्सन जर्मनी का समर्थन करने लगे थे। हाम्सन जो अब तक अपने हमवतनों के अज़ीज़दार थे, अब ग़द्दार की हैसियत से उनकी हिक़ारत के पात्र बने जब तक कि यह साबित न कर दिया जाता के वे पागल हो चुके थे। पुलिस की हिरासत में हाम्सन पर मुक़दमा चलाया गया और इस प्रसंग का इतिहास अब नार्वे तक ही महदूद नहीं रह गया है। जिस क्रूरता से मनोचिकित्सीय जाँच के बहाने वृद्ध हाम्सन को यातना दी गयी, वह डेनमार्क के लेखक थॉरकिल्ड हाम्सन की पुस्तक ***प्रोसेसेन*** में पैने और मार्मिक विवरणों

के साथ दर्ज है, भले ही इस पुस्तक के लेखक ने हाम्सन को इस क़दर शिद्दत और अक़ीदत से उबारने में खुद को तबाह कर लिया। इस पुस्तक से और इसके लेखक के प्रति हुई प्रतिक्रिया से इस बात का अनुमान सहज ही लगाया जा सकता है कि केवल नात्ज़ी ही नात्ज़ी नहीं थे। हाम्सन को बुरी तरह तोड़ देने की कोशिश की गयी बिना उस जीवन को बारीक़ी से देखे जिसमें वह लेखन मौजूद था जो ऑस्मंड ब्रिनिलसन के अनुसार 'उस मूढ़ फ़लसफ़े का अनवरत विखण्डन था।' हिटलर से एक ऐसी मुलाक़ात समेत जिसके बाद हाम्सन हिटलर की बॉल्कनी पर जाकर ज़ार-ज़ार रोने लगे थे, हाम्सन के पूरे जीवन में ऐसा क्या हो सकता था जिससे उनके नात्ज़ी होने का आभास मिलता हो? नार्वे में हिटलर के कॉमिसार तर्बोफ़न से कई बार वे नार्वीजी नौजवानों की जान बचाने अपील करने जाया करते थे। वे इस हद तक खुद को जोखिम में डाल तर्बोफ़न और बाद में हिटलर तक से उलझ बैठे थे कि अन्ततः उनके लिए पूरी तरह बेकार सिद्ध हुए। आट्ले शिट्टॉग हाम्सन पर अपनी पुस्तक ***बयार हवा कुछ नहीं*** में लिखते हैं कि प्रतिक्रियावादी हाम्सन से नात्ज़ी और ग़द्दार हाम्सन तक कोई सीधी लकीर नहीं है। आप बेकार में यहूदियों के प्रति घृणा और जातिवाद के संकेत हाम्सन में ढूँढने लगते हैं....हाम्सन के प्रसंग में विचारधारा एक तरह की अचेतन वाणी है—निरपेक्ष की एक ऐसी ज़रूरत जिसमें वे खुद को प्रतिबिम्बित कर सकते। नार्वीजी लेखक ऑक्सेल सॉदेमूसे हाम्सन को हाम्सन के बावजूद वापिस चाहते हैं, अपनी वृद्धावस्था में जो कुछ वे कर गुज़रे, उसके बावजूद। 'हम कोई बहाने नहीं बनाना चाहते, न हाम्सन को बरी करना चाहते हैं—ऐसा करने से हाम्सन का उतना ही अपमान होगा, जितना कि उन पर फ़ैसला सुनाना...यह हक लेखकों के सिवा किसी का नहीं है'। जब आलोचक हाम्सन में सत्तावाद के चिह्न ढूँढने की कोशिश करते है, वह प्रकृति की दुर्बोध सम्मोहकता को लक्ष्य करते हैं—किसी चरित्र द्वारा सरल जीवन की ऐसी परिकल्पना में जो समकालीन जीवन की धन—लोलुपता और आपाधापी से बहुत परे हो। समस्या सिर्फ़ इतनी है कि हाम्सन में लिखा हुआ जीवन क़तई सरल नहीं है। स्वप्न और भाषा की सम्मोहकता में लगभग हमेशा नैराश्य और मोहभंग के कूट दिखायी देते हैं। ***पान*** का ग्रीष्म-सूर्य नूर्रलाँड के लोगों पर दिन-रात चमकता है, फिर भी वे अबूझ है, रहस्यों से सराबोर, और अपनी ही छायाओं से लड़कर खुद को ख़ाक किये दे रहे हैं, जबकि जंगल

में प्रकृति-देव पान की सरसराहट के सहारे ही आप इस उपन्यास को पढ़ रहे होते हैं।

यह उपन्यास उत्तरी नार्वे की ग्रीष्म ऋतु के अमिट सूर्य में लिखा गया है, उसी मनस्थिति में जिसमें शायद किशोर हाम्सन पशु चराते समय पीठ के बल लेट कर अपनी तर्जनी से आसमान पर अपना नाम लिखा करते थे। हमें यह तो नहीं मालूम कि जिस समय हाम्सन यह अचरज कर रहे थे कि क्या उन्होंने मरुस्थल में बहुत ज़ोर से पुकार लगायी है, उनकी पॉलिटिक्स क्या थी। लेकिन यह उसी समय की बात है, और प्रसंग भी वही है जब उन्होंने यह ख़्वाहिश ज़ाहिर की थी कि वे कोई 'और ही रास्ता अपनाना चाहेगें, कुछ ऐसे धीर-धरे शब्दों से जो खिड़कियों के सामने से छाया की तरह गुज़र जायें।'

आभार

1920 के नोबेल पुरस्कार विजेता क्नूत हाम्सन के उपन्यास का यह हिन्दी अनुवाद उनकी पचासवीं बरसी पर उन्हें अक़ीदत से याद करते हुए प्रकाशित किया जा रहा है।

अनुवाद के लिए आँशिक वित्तीय सहयोग ऑस्लो में स्थित नॉर्ला नामक साहित्यिक संस्था से प्राप्त हुआ है। हम यींलदॉल प्रकाशन के भी आभारी हैं जिन्होंने हिन्दी अनुवाद छापने की अनुमति सहर्ष हमें दी।

स्वीडी उपन्यासकार लार्श ऐण्डर्सन हाम्सन के जीवन और कृतित्व के बारे में पिछले कई साल से अपने भारतीय मित्रों से गुफ़्तगू करते आये हैं। मूल नॉर्वीजी से पूरे उपन्यास का हिन्दी से मिलान करवाने के लिए हम उनके शुक्रगुज़ार हैं।

युवा कलाकार सीरज *पान* के आवरण को बड़े धीरज से बार-बार बना-मिटा कर देख रहे थे। और आख़िकार जब उत्सुक को उपन्यास का पान-देव सूझ गया तो बात बन गयी।

स्वीडी कवि टोमास ट्रांस्ट्रोमर के भरोसे हम राबर्ट ब्लाय द्वारा *भूख* के अंग्रेज़ी अनुवाद के उत्तराभिलेख में से हाम्सन की संक्षिप्त जीवनी का एक अंश मैत्रीभाव से ले रहे हैं।

Acknowledgements

We're grateful to ***NORLA*** (Norwegian Literature Abroad), based in Oslo, for the assistance they graciously offered to us for publishing the Hindi translation of Knut Hamsun's novel ***PAN*** on the occasion of his fiftieth death anniversary in 2002.

We thank the Norwegian publishing house ***Glydendal Norsk Forlag***, based in Oslo, for happily granting us the permission to produce this work in Hindi.

We're indebted to Swedish novelist Lars Andersson who has, for many years, been sharing his passion for Knut Hamsun with his Indian friends. He helped us tally the translation with the original in Norwegian, word for word.

Siiraj Saxena fussed painstakingly over the cover and when Utsuk suddenly produced the colorful god in bright crayons after discussing the mood of the novel with the translator, Siiraj could not help saying yes to it right away.

Assuming in grateful anticipation that our esteemed friend, the Swedish poet Tomas Tranströmer, would take the responsibility for letting us use a fragment of Robert Bly's afterword that appears in the English translation of ***HUNGER***, we turn it into an afterword to the Hindi ***PAN.***

Teji Grover (*translator*)
Arun Maheshwari (*publisher*)

पान

1

इधर कुछ दिनों से मैं नूर्रलाँड की गर्मियों के अन्तहीन दिन के बारे में बराबर सोचता रहा हूँ। यहाँ बैठा मैं उसके बारे में सोचता रहता हूँ, और उस कुटिया के बारे में, और कुटिया के पीछे के जंगल के बारे में; और सिर्फ़ अपना जी बहलाने और समय बिताने के लिए, मैं यह सब लिखने लगा हूँ। समय बिताये नहीं बीतता; जितनी तेज़ी से मैं चाहता हूँ, हालाँकि मुझे कोई चिन्ता नहीं है और मेरी ज़िन्दगी काफ़ी जिन्दादिल क़िस्म की है। मैं हर चीज़ से काफी सन्तुष्ट हूँ और फिर तीस बरस की उम्र कोई खास उम्र भी नहीं है। अभी कुछ ही दिन पहले मुझे कहीं दूर से किसी पक्षी के दो पंख भेजे गये थे, किसी ऐसे शख़्स द्वारा जिसे ऐसा करने की क़तई ज़रूरत नहीं थी; सिर्फ दो हरे पंख कागज़ के एक मुहरबन्द पन्ने में लिपटे हुए, जिस पर एक किरीट का चित्र था। मुझे इतने शैतान हरे रंग के पंखों को देखकर बहुत मज़ा आया था। और कोई कष्ट भी नहीं था मुझे, बस कभी-कभार बायें पैर में हल्के से गठिये के अलावा, जो गोली की एक पुरानी चोट की वजह से था, जो कब की ठीक हो चुकी थी।

मुझे याद है कि दो साल पहले समय अधिक तेज़ी से गुज़रता था, अब से कहीं ज़्यादा तेज़ी से। गर्मियों के ख़त्म होने का मुझे पता भी नहीं चलता था। दो साल पहले, 1855 में—मैं सिर्फ़ जी बहलाने के लिए इसके बारे में लिखना चाहता हूँ—मेरे साथ कुछ हुआ : या फिर शायद मैंने सिर्फ़ सपना देखा होगा। उन दिनों के दौरान हुई काफ़ी चीज़ें मैं अब भूल चुका हूँ, क्योंकि तब से मैंने उनके बारे में कुछ ख़ास सोचा नहीं है। लेकिन मुझे याद है रातें काफ़ी सफ़ेद हुआ करती थीं। कई चीज़ें मुझे काफ़ी अजीब लगा करती थीं : साल में बारह ही महीने होते थे, लेकिन रात दिन में बदल जाया करती थी और आसमान में एक भी तारा दिखायी नहीं देता था। जिन लोगों से मैं मिलता था, वे भी बहुत अजीब थे, और उन लोगों से बिलकुल भिन्न जिनसे मैं अब तक वाकिफ़ था।

कभी-कभी बचपन से सीधे अपने पूरे जोबन पर खिल उठने के लिए इन लोगों के लिए एक ही रात काफ़ी होती थी। इसमें कोई तिलिस्म नहीं था, लेकिन मैं ऐसी किसी चीज़ से इससे पहले कभी वाकिफ़ नहीं था।

समुद्र के किनारे एक बड़े और सफ़ेद कलई पुते घर में मैं किसी से मिला था जो कुछ समय के लिए मेरे ख़्यालों में बस गयी थी। वह हमेशा मेरी स्मृति में नहीं रहती, अब नहीं—नहीं, मैं उसे क़रीब क़रीब भूल चुका हूँ। लेकिन बाक़ी सब मुझे याद है। समुद्री पक्षियों की आवाज़ें, जंगल में शिकार, मेरी रातें, और गर्मियों की वे सभी तपती हुई घड़ियाँ। यूँ भी मैं महज़ इत्तेफ़ाक से उसे मिला था। और अगर वह इत्तेफ़ाक न होता तो वह एक भी दिन मेरे ख़्यालों में न रही होती।

अपनी झोंपड़ी से मैं द्वीपों, चट्टानों और समुद्री चट्टानों की घालमेल देख सकता था, ज़रा-सा समुद्र और नीली रंगत लिए कुछ शिखर; और झोंपड़ी के पीछे जंगल फैला था, एक विशाल जंगल। मैं खुशी और कृतज्ञता से भर उठता था जड़ों और पत्तों की गन्ध से, और देवदार के पेड़ों की गरिष्ठ, चर्बीली खुशबू से, जो मज्जा की गन्ध जैसी हुआ करती थी। बस जंगल ही में मेरे भीतर सब शान्त हो पाता था, मेरी आत्मा को चैन और तक़्वियत नसीब होती थी। हर रोज़ ईसप को साथ लिए मैं पहाड़ियों में चढ़ जाता था; और कोई इच्छा नहीं थी मेरी सिवा इसके कि एक से दूसरे रोज़ मुझे वहाँ जाने दिया जाए, बावजूद इसके कि ज़मीन अभी तक हिम और कोमल बर्फ़ से ढकी थी। ईसप ही मेरा एक मात्र साथी था; मेरा कुत्ता, जिसे बाद में मैंने गोली से उड़ा दिया था।

दिन भर शिकार करने के बाद शाम झोंपड़ी में लौट आने पर अक़्सर घर लौटने का सुखद अहसास मेरे पूरे जिस्म में दौड़ जाया करता था। मैं भीतरी सुख से काँप काँप जाता था और जाकर ईसप से गपियाता था कि क्या मज़े की ज़िन्दगी है हमारी। 'तो अब हम आग जलायेंगे और एक चिड़िया भूनेंगे', मैं कहा करता था। 'तुम क्या कहते हो'? और जब यह काम निपट जाता, और हम दोनों खा चुकते, ईसप अलाव के पीछे अपने ठिकाने की ओर सरक जाता था, और मैं पाइप जलाकर अपने तख़त पर लेटकर जंगल की निःशब्द सरसराहट सुना करता था। हल्की सी हवा थी, हवा सीधी झोंपड़ी पर बजती थी, और पिछली पहाड़ियों से दूर कहीं से तीतर की आवाज़ आती रहती थी। अलावा इसके, सब शान्त था।

और कई बार मैं वहीं पड़े-पड़े सो जाया करता था, पूरे कपड़े पहने, और तब तक नहीं उठता था, जब तक समुद्री पक्षी चिल्लाना शुरू नहीं कर देते थे। फिर जब मैं खिड़की से बाहर देखता था, तो ट्रेडिंग स्टेशन की सफ़ेद इमारतें दिखायी देती थीं, जहाँ सिरिलुँड का सामान उतरता था, उस दुकान का जहाँ से मैं अपनी डबलरोटी खरीदता था; और मैं कुछ देर वहीं पड़ा रहता था, इस बात पर विस्मित कि मैं नूर्रलाँड की एक झोंपड़ी में पड़ा हुआ हूँ, एक जंगल के किनारे।

फिर अलाव के क़रीब से ईसप अपनी लम्बी, दुबली देह को हिलाया करता था, अपना कॉलर खनखनाते हुए वह उबासी लेता था और दुम हिलाता था; और मैं तीन-चार घण्टे की नींद के बाद उठ बैठता था, तरोताज़ा और हर चीज़ से प्रसन्न, हर शाम से।

कई रातें यूँ ही बीत गयीं।

2

बारिश हो या आँधी चले—इन चीज़ों से कोई ख़ास फ़र्क नहीं पड़ता; बारिश के किसी दिन अक्सर एक छोटा-सा सुख आपको घेर लेता है, जिसके रहते आप अपनी ही किसी खुशी में सिमट जाते हैं। आप खड़े-खड़े अपने ठीक सामने देखने लगते हैं, बीच-बीच में हल्का-सा मुस्कराते और चारों ओर देखते हुए। आप क्या सोच रहे होते हैं? खिड़की का साफ़ काँच, काँच पर धूप की एक किरण, उसके पार एक छोटी-सी नदी का दृश्य और शायद आसमान में नीले की एक छवि। ज़रूरी नहीं कि इससे ज्यादा कुछ हो।

किन्हीं अन्य घड़ियों में असाधारण घटनाएँ भी व्यक्ति को नीरस और उदास मनः स्थिति से उबार नहीं पाती हैं; नृत्य-कक्ष के बीचोंबीच कोई पूर्णतयाः निस्पन्द, उदासीन और निरावेग बैठा रह सकता है। क्योंकि ग़म और ख़ुशी के स्रोत हमारे भीतर ही रहा करते हैं।

एक दिन की बात मुझे ख़ास याद है जब मैं समुद्र तट पर चला आया था। मैं बारिश में फँस गया था और एक खुले हुए नाव-घर के भीतर जाकर बैठ गया था। मैं सिर्फ़ अपने लिए गुनगुनाने लगा था, लेकिन बिना किसी खुशी के, बस समय बिताने के लिए। ईसप मेरे साथ था और बैठा-बैठा सुन रहा था; मैंने भी

गुनगुनाना बन्द करके सुनना शुरू कर दिया। बाहर आवाज़ें सुनायी दे रही हैं और आहट सुनायी पड़ती है, महज़ एक संयोग और बिल्कुल स्वाभाविक। दो आदमियों और एक लड़की का समूह मेरी ओर लड़खड़ाता चला आता है। वे एक-दूसरे से चिल्लाकर, हँसते हुए कहते हैं: 'जल्दी आओ! हम यहाँ कुछ देर पनाह ले सकते हैं।'

मैं उठकर खड़ा हो गया।

एक आदमी सफ़ेद कमीज़ पहने था जिसके अगले हिस्से पर कलफ़ नहीं थी और जो अब बारिश में पिचपिचा कर झूलने लगा था। गीली कमीज़ के इस हिस्से पर हीरे की एक पिन थी। पाँव में लम्बे, नुकीले जूते थे जो कुछ भड़कीले से लगते थे। मैंने उन सबका अभिवादन किया। वे श्रीमान माक थे, व्यापारी। मुझे उनकी याद उस दुकान से थी जहाँ से मैं डबलरोटी ख़रीदा करता था। उन्होंने मुझे अपने घर आने का न्यौता भी दिया था किसी समय, लेकिन मैं अभी तक गया नहीं था।

'अहा, तो फिर मुलाकात हो रही है हमारी', मुझे देखते ही उन्होंने कहा। 'हम लोग चक्की की ओर जा रहे थे लेकिन आधे रास्ते ही लौटना पड़ा। क्या मौसम है, नहीं? तो कहिए लेफ्टिनेंट साहब आप कब तशरीफ़ ला रहे हैं सिरिलुँड?' उन्होंने अपने साथ आये काली दाढ़ी वाले उस नाटे आदमी से मेरा परिचय करवाया, जो गिरजे के उपभवन के क़रीब रहता था।

लड़की ने चेहरे से पर्दा ज़रा-सा हटाया और धीमी आवाज़ में ईसप से बातें करने लगी। मेरा ध्यान उसकी जैकेट की ओर गया और अस्तर और काजों से मैंने अन्दाज़ा लगाया कि वह रँगी गयी है। श्रीमान माक ने उसका परिचय भी मुझसे करवाया। वह उनकी बेटी एद्वार्दा थी।

एद्वार्दा ने अपने पर्दे के भीतर से मुझे देखा और फिर कुत्ते से वैसे ही खुसरपुसर करती रही। कुत्ते के कॉलर पर नाम पढ़ कर वह बोली, 'तो तुम्हें ईसप कहते हैं, नहीं?...डॉक्टर, यह ईसप कौन था? मुझे सिर्फ़ इतना याद है कि वह नीतिकथाएँ लिखता था। क्या वह फ्रिजिया से नहीं था?—नहीं, मुझे पता नहीं है।'

बच्ची है, स्कूल में पढ़ने वाली लड़की। मैंने उसे देखा, वह लम्बी थी लेकिन उसका शरीर भरा नहीं था, पन्द्रह-सोलह की रही होगी, लम्बे भूरे हाथ थे उसके, दस्ताने नहीं थे। हो सकता है 'ईसप' वह उसी दोपहर किसी इन्साइक्लोपीडिया

में देखकर आयी हो।

श्रीमान माक ने मुझे शिकार के बारे में पूछा। मैं अधिकतर किस चीज़ का शिकार करता था? मैं उनकी कश्ती का किसी भी दिन उपयोग कर सकता था, मुझे बताना भर होगा उन्हें। जब वे लोग जाने लगे तो मैंने देखा कि डॉक्टर हल्का सा लँगड़ाता था और छड़ी का इस्तेमाल करता था।

मैं उसी ख़ालीपन से घर की ओर चलने लगा जिसमें मैं था, बिना किसी उत्साह के गुनगुनाता हुआ। नाव-घर में उस मुलाक़ात का मुझ पर कोई ख़ास असर नहीं था। मुझे इस पूरे प्रसंग में जो चीज़ बख़ूबी याद रही वह श्रीमान माक की भीगी कमीज़ थी जिस पर हीरे की पिन थी, जो साथ भीग गयी थी और कोई ख़ास शानदार भी नहीं थी।

3

मेरी झोंपड़ी के बाहर एक शिलाखण्ड था, एक सुरमई शिलाखण्ड। उसके हावभाव कुछ ऐसे थे, जैसे मुझ पर मेहरबान हो वह, मानो वह मुझे आते हुए देखता रहता हो और मुझे पुनः पहचान लेता हो। सुबह बाहर निकलकर मुझे अच्छा लगता था इस शिलाखण्ड के पास से गुज़रना। ऐसा लगता था कि मैं अपने किसी अच्छे दोस्त को छोड़कर जा रहा हूँ जो मेरे वापस आने तक मेरी राह देखता रहेगा।

और फिर दूर जंगल में शिकार शुरू हो जाता था। शायद कुछ मिल जाए मुझे, या फिर कुछ नहीं।

टापुओं के पार समुद्र भारी और शान्त रहता था। कई बार जब मैं पहाड़ियों में कहीं बहुत ऊपर होता था मैं खड़े-खड़े उसे देखता रहता था। जिन दिनों हवा नहीं चलती थी जहाज़ शायद ही कभी हिलते थे और अक्सर वही का वही पाल मुझे दिखायी देता रहता था, नन्हा और श्वेत, पानी पर किसी सामुद्रिक की तरह। लेकिन अगर हवा का रुख बदल जाता तो दूर दिखायी देने वाले पहाड़ बिल्कुल ग़ायब हो जाते। दक्षिण-पश्चिम पवन की वजह से तूफ़ान उठने लगा था, ऐसा नाटक जिसका मैं दर्शक था। हर चीज़ धुँधली थी। पृथ्वी और आकाश हिलमिल गये थे, समुद्र खुद को हवा में किसी भव्य नृत्य में उछालता था, मनुष्यों, अश्वों और कटे-फटे झण्डों की आकृतियों में। मैं झूलती

हुई चट्टान की शरण में खड़ा कई चीज़ों के बारे में सोचा करता था। मेरी आत्मा तनाव में रहती थी। ईश्वर ही जानता है, जो मैं आज देख रहा हूँ, क्यों आख़िर मेरी ही आँखों के सामने समुद्र खुलता चला जा रहा है। शायद इस समय मैं पृथ्वी के भीतरी मस्तिष्क में निहार रहा हूँ, उसे काम करते हुए देख रहा हूँ, कैसे उफ़न रहा है वह! ईसप बहुत बेचैन था, बीच-बीच में अपनी नाक हवा में उठाते हुए सूँघने लगता था, मौसम-ग्रसित टाँगें काँपती हुई। चूँकि मैं उससे कुछ नहीं कहता था, वह मेरे पाँवों के बीच पड़ा-पड़ा मेरी तरह समुद्र की ओर देखता रहता था। कोई पुकार सुनायी नहीं देती थी, मनुष्य की आवाज़ कहीं सुनायी नहीं देती थी, मेरे सिर के आसपास सिर्फ़ तूफ़ान की मन्द गरज सुनाई पड़ती थी। बहुत दूर, एक समुद्री चट्टान थी, बिल्कुल अलग-थलग पड़ी हुई; जब समुद्र अपनी चट्टानों से टकराता था, वह किसी विकृत तुड़ी-मुड़ी शय की तरह उठ खड़ी होती थी। या शायद किसी समुद्री-ईश्वर की तरह जो लहरों में भीगते हुए उठकर दुनिया पर नज़र दौड़ाता था, कुछ इस तरह फुफकारते हुए कि उसके बाल और दाढ़ी उसके शरीर के आसपास एक पहिए की तरह तन जाते थे। फिर वह उफ़नती हुई फ़ेन में डुबक जाता था।

और तूफ़ान के दौरान, कोयले-सा काला कोई स्टीमर समुद्र में उतर आता था।

जब मैं दोपहर बाद अवतरण-पटरे पर पहुँचा, तो कोयले-सा काला स्टीमर बन्दरगाह पर लग चुका था। वह डाक-नाव थी। घाट पर बहुत से लोग जमा थे उस विरले मुसाफ़िर को देखने। मैंने देखा कि बिना किसी अपवाद के उन सबकी आँखें नीली थीं, और चाहे कोई भी फ़र्क रहा हो उनमें। सफ़ेद ऊनी स्कार्फ़ पहने एक जवान लड़की ज़रा हट कर खड़ी थी। उसके बाल गहरे रंग के थे, और उसका सफ़ेद स्कार्फ़ उसके बालों पर खूब उभर रहा था। उसने मेरी ओर जिज्ञासा से देखा, मेरे चमड़े के कपड़ों और मेरी बन्दूक को। जब मैंने उससे बात करना शुरू की तो वह लजा कर दूसरी ओर देखने लगी। मैंने कहा, 'तुम्हें हमेशा सफ़ेद स्कार्फ़ पहनना चाहिए, खूब बनता है तुम पर।' तभी आइसलैण्ड निवासियों की जर्सी पहने एक माँसल आदमी उसके पास आ खड़ा हुआ। वह उसे ईवा के नाम से बुला रहा था। ज़ाहिर था कि वह उसकी बेटी थी। मैं उस हट्टे-कट्टे आदमी को जानता था। वह लोहार था, स्थानीय लोहार। कुछ दिन पहले उसने मेरी एक बन्दूक में गोली दागने वाली पिन डाली थी।

बारिश और हवा ने अपना काम कर दिखाया और बर्फ़ पिघल कर ख़त्म होने लगी। कुछ दिनों के लिए ज़मीन पर एक बेचैन ठण्डक छायी रही। सड़ी गली टहनियाँ चटखने लगीं और कौए झुरमुटों में इकट्ठे होकर किकियाने लगे। लेकिन ज़्यादा देर ऐसा नहीं चला, सूरज क़रीब था। एक सुबह वह जंगल के पीछे से निकल आया। सूर्य के आने पर एक मीठी सी चुभन मुझे महसूस होती है, और शान्त उत्सवी मुद्रा में मैं उठकर अपनी बन्दूक अपने कन्धे पर डाल लेता हूँ।

4

इस समय शिकार की कोई कमी नहीं थी। मैं जो चाहता, मार गिराता था। ख़रगोश, काले और सफ़ेद तीतर, और जब मैं नीचे समुद्र किनारे होता था कोई समुद्री पक्षी निशाने में रहता था, तो मैं उसका भी शिकार कर लेता था। वह अच्छा समय था, दिन लम्बे होने लगे थे और हवा साफ़। मैं अपने साथ दो एक दिन का सामान लेकर पहाड़ों में चला आया। मैं लापी लोगों से मिला जो मुझे पनीर दिया करते थे, नन्हे गरिष्ठ पनीर जड़ी-बूटियों के स्वाद के। मैं एक से ज़्यादा बार उन पहाड़ों में गया। घर लौटते समय मैं हमेशा कोई न कोई चिड़िया मार गिराता था और अपने झोले में रख लेता था। मैंने नीचे बैठकर ईसप का पट्टा बाँधा। अपने नीचे मीलों मील मुझे समुद्र दिखायी दे रहा था। पहाड़ों की ढलानें गीली और सियाह थीं क्योंकि पानी गिरता रहता था, एक ही नन्ही-सी धुन में टपकता और लहराता। पहाड़ों में बहुत ऊपर जब मैं यूँ ही बैठा इधर-उधर देखता था यह नन्ही-सी धुनें कई घण्टों तक मेरा जी बहलाए रखती थीं। मैं सोचता था देखो यह नन्ही सी धुन शून्य में कलकलाती रहती है, न कोई सुनता है न सोचता है इसके बारे में, फिर भी यह अपने आप में कलकलाती रहती है, कलकलाती ही रहती है। और फिर मुझे पहाड़ इस क़दर सूना भी नहीं लगता था जब वह कलकलाहट मुझे सुनायी देती थी। बीच-बीच में कुछ न कुछ होता रहता था। बादलों की गरज से ज़मीन हिलती थी, चट्टान का एक टुकड़ा टूटकर समुद्र में लुढ़क जाता था, धुआँ और मलबे का गुबार छोड़ता हुआ। और इस पर ईसप अपनी नाक हवा में उठाकर चकरा जाता था, और झुलस को सूँघता था जो उसे समझ नहीं आती थी। पिघलती बर्फ़ से जब पहाड़ में गहरी

दरारें पड़ जाती थीं, तो एक गोली से या फिर तीखी आवाज़ भर से बड़े-बड़े खण्ड टूटकर नीचे लुढ़क जाते थे।

एक घण्टा बीत जाता था, या शायद ज़्यादा, समय इतनी तेज़ी से गुज़रता था। ईसप को खोल, मैं अपना झोला दूसरे कन्धे पर डालता और घर की ओर चल देता। दिन ख़त्म हो रहा था। नीचे जंगल में मैं बिना किसी भूल के अपने चिरपरिचित रास्ते पर आ जाया करता था, एक सँकरे रिब्बन सा रास्ता बेहद अजीबोग़रीब बल खाता हुआ। मैं हर मोड़ मुड़ता था, बराबर अपना समय लेते हुए। मुझे कोई जल्दी नहीं थी और घर पर कोई मेरी प्रतीक्षा करने वाला भी नहीं था। किसी शहंशाह की तरह मैं जंगल की ख़ामोशी में अपने रास्ते चलता रहता, जितने आराम से मैं चाहता। सभी पक्षी बिल्कुल चुप होते। बस दूर कहीं तीतर बोल रहे होते; हमेशा की तरह।

जंगल से बाहर निकलते ही मुझे सामने दो व्यक्ति दिखायी दिये, दो व्यक्ति जो सैर कर रहे थे। उनके क़रीब पहुँचकर मैंने देखा, एक मिस एदूवार्दा थी, मैं उसे पहचान गया और मैंने दुआ-सलाम की। डॉक्टर उसके साथ था। मुझे उन्हें अपनी बन्दूक दिखानी पड़ी, उन्होंने कम्पास और झोला देखा। मैंने उन्हें अपनी झोंपड़ी में आने को कहा और उन्होंने वादा किया कि वे फिर किसी दिन आयेंगे।

शाम हो गयी थी। मैंने घर जाकर आग जलायी और एक चिड़िया भूनकर भोजन किया। कल का दिन कल आयेगा।

हर जगह चुप्पी और सन्नाटा था। मैं पूरी शाम लेटा रहा और खिड़की से बाहर देखता रहा। दिन के इस समय खेत और जंगल पर एक मायावी रोशनी लरज़ रही थी। सूरज डूब चुका था और उफ़ुक पर एक चर्बीली, लाल रोशनी मौजूद थी, तेल की तरह निश्चल। आसमान हर तरफ़ खुला और साफ़ था। मैं स्वच्छ समुद्र में एकटक देख रहा था मानो मैं पृथ्वी की गहराइयों के साथ रूबरू लेटा था, जैसे मेरा धड़कता हृदय उन गहराइयों की ओर लपक रहा हो और जहाँ मैं आराम से रह सकता था। ईश्वर जाने, मैंने सोचा, कि उफ़ुक आज की रात बैंजनी और सुनहले लिबास में क्यों है। या फिर दुनिया के ठीक ऊपर कोई जश्न मनाया जा रहा है, खूब शान-ओ-शौक़त के साथ, सितारों के तरन्नुम में, और लहरों में नौका विहार चल रहा है। ऐसा ही लगता है। और मैंने अपनी आँखें मूँद लीं, नाव के संग चलते हुए और एक के बाद एक ख़्याल मेरे मस्तिष्क में तैरते चले गये।

इस तरह कई दिन बीत गये।

मैं इधर-उधर घूम कर देखता रहता कि हिम कैसे पानी में बदल रही है और बर्फ़ कैसे तिड़क रही है। जब मेरी झोंपड़ी में पर्याप्त खाना होता तो कई दिन तक मैं एक भी गोली नहीं दागता। मैं बस स्वच्छन्द घूमता रहता और समय को गुज़रने देता। जिस तरफ़ भी मुड़ कर देखता उतना ही कुछ देखने और सुनने को मिल जाता। हर चीज़ रोज़ थोड़ी सी बदल जाया करती थी और विलो और हपुषा की झाड़ियाँ तक खड़ी-खड़ी वसन्त की राह देखती रहतीं। मिसाल के तौर पर मैं चक्की को देखने जाता जो अभी तक बर्फ़ में गढ़ी थी। लेकिन उसके पास की ज़मीन पर साल-दर-साल कई लोगों के पाँव पड़ते रहे थे, और वह इस बात की गवाही देती थी कि लोग अपनी अनाज की बोरियाँ पीठ पर लादे आटा पिसवाने आया करते थे। ऐसा लगता था जैसे मैं उन लोगों के बीच चल रहा था, और कई तिथियाँ और अक्षर भी दीवारों पर अंकित थे।

अच्छा, तो ठीक है।

5

और क्या लिखूँ मैं? नहीं, नहीं। बिल्कुल थोड़ा-सा, और सिर्फ़ अपना जी बहलाने की गर्ज़ से; और क्योंकि यह बताने में भी वक्त तो गुज़र ही जाता है कि दो साल पहले वसन्त कैसे आयी थी और ज़मीन कैसी लगती थी। ज़मीन और समन्दर से एक हल्की सी खुशबू उठती थी। जंगल में सड़ रहे पत्तों से एक मीठी गन्धक-सी गन्ध आती थी; मुटरियाँ चोंच में टहनियाँ लिए घोंसले बनाना शुरू कर देती थीं। कुछ दिन बाद झरने भर जाते थे और उनमें झाग बनने लगती थी, एक दो बिच्छूबूटी तितलियाँ आ जाती थीं, और मछुआरे अपने ठिकानों से लौट आते थे। व्यापारी के दोनों जहाज़ मछलियों से लदे हुए आ जाते थे और मछलियाँ सुखाने के स्थलों के करीब लंगर डाल देते थे। अचानक सबसे बड़े उन टापुओं पर जीवन की हलचल शुरू हो जाती थी जिनकी चट्टानों पर मछलियों को सुखाया जाना था। मैं यह सब अपनी खिड़की से देखता था।

लेकिन झोंपड़ी में कोई शोर सुनायी नहीं देता था। मैं अकेला था और अकेला ही रहा। कभी-कभार कोई गुज़रता था। मैंने ईवा को देखा, लोहार की लड़की को। उसकी नाक पर कुछ चकत्ते थे।

'कहाँ जा रही हो तुम?' मैंने पूछा।

'ईंधन लाने,' उसने चुपचाप जवाब दिया। उसके हाथ में रस्सी थी लकड़ी ढोने के लिए, और उसके सिर पर उसका सफ़ेद स्कार्फ था। मैं उसे जाते हुए देखता रहा, लेकिन उसने पलटकर नहीं देखा।

फिर कई रोज़ गुज़र गये किसी को देखे हुए।

वसन्त बढ़ रही थी और जंगल में रोशनी देर तक रहने लगी थी। पेड़ों की फुनगियों में बैठी कस्तूरिकाओं को देखकर बहुत सुख मिलता था—जब वे सूरज को घूरती हुई चिल्लाती थीं। कभी कभी मैं सुबह के दो बजे उठ बैठता था, उस आह्लाद में शामिल होने जो सूर्योदय के साथ पशु-पक्षियों से प्रसारित होता था।

वसन्त मुझ तक भी चली आयी थी और मेरा ख़ून पैरों की धब-धब की तरह बजने लगा था। मैं झोंपड़ी में बैठा-बैठा मछली की कँटियों और छड़ियों के रख-रखाव के बारे में सोचता था, लेकिन एक उँगली तक नहीं हिलाता था। एक पुलकित, अन्धकारमयी बेचैनी मेरे हृदय में घर कर गयी थी। अचानक ईसप उछलकर खड़ा हो गया, टाँगें अकड़कर, और हल्का सा भौंकने लगा। कोई झोंपड़ी में चला आ रहा था। मैंने लपककर अपनी टोपी उठायी और तभी मिस एद्वार्दा की आवाज़ दरवाज़े से सुनायी दी मुझे। वह डॉक्टर के साथ मुझसे मिलने आयी थी, कृपापूर्वक और बिना किसी औपचारिकता के, जैसा उन्होंने कहा था।

'हाँ, वह घर है,' मैंने उसे कहते हुए सुना और आगे बढ़कर उसने अपना हाथ मुझे दे दिया बिल्कुल किसी छोटी-सी लड़की की तरह। 'हम कल भी आये थे, लेकिन तुम घर पर नहीं थें,' उसने स्पष्ट किया।

वह दरी पर रखे मेरे तख़त पर बैठ गयी और झोंपड़ी को देखने लगी। डॉक्टर मेरे पास लम्बे बेंच पर बैठ गया। हम लोग बातें करने लगे; मज़े में गप्प लगाने लगे। और चीज़ों के अलावा मैंने उन्हें बताया कि जंगल में कौन-कौन से जानवर थे, और किस-किस तरह का शिकार अब मुझे नहीं मिलता था क्योंकि मौसम नहीं था। इस समय तीतर का मौसम नहीं था।

इस बार भी डॉक्टर के पास कहने के लिए कुछ ख़ास नहीं था। लेकिन जब उसकी नज़र मेरे बारूद वाले सींग पर पड़ी जिस पर पान की नन्ही आकृति बनी हुई थी, तो उसने पान के मिथक की व्याख्या करनी शुरू कर दी।

'लेकिन,' एद्वार्दा ने अचानक पूछा, 'जिस मौसम में कोई भी शिकार नहीं मिलता, तब क्या खाते हो तुम?'

'मछली,' मैंने जवाब दिया। 'अधिकतर मछली। कुछ न कुछ तो हमेशा मिल ही जाता है खाने को।'

'लेकिन तुम हमारे यहाँ तो आ ही सकते हो,' वह बोली। 'पिछले साल इंग्लैण्ड से आया हुआ एक आदमी तुम्हारी झोंपड़ी में रहता था। वह कभी-कभी आ जाता था हम लोगों के साथ भोजन करने।'

एद्वार्दा ने मेरी तरफ़ देखा और मैंने उसकी तरफ़। उस क्षण अपने हृदय के क़रीब एक हरक़त सी महसूस हुई मुझे, दोस्ती की सी टिमटिमाहट। वसन्त का मौसम था और शानदार दिन—मैं तब से सोचता रहा हूँ इसके बारे में। अलावा इसके उसकी भवों की गोलाई मुझे भा गयी थी।

उसने मेरी झोंपड़ी के बारे में कुछ शब्द कहे। मैंने दीवारों पर कई तरह की खालें लटका रखी थीं और पक्षियों के पंख, लिहाज़ा वह भीतर से किसी ऊबड़-खाबड़ माँद की तरह दिखाई देती थी। उसे अच्छी लगी मेरी झोंपड़ी। 'हाँ, माँद ही तो है,' उसने कहा।

मेरे पास अतिथियों के लायक कुछ नहीं था : मैंने सोचा एक चिड़िया भून कर खिला सकता हूँ उन्हें, मज़े के लिए। वे उँगलियों से खा सकते थे, जैसे शिकारी खाया करते हैं। उन्हें मज़ा आये शायद।

तो मैंने चिड़िया भूनकर उनके सामने रख दी।

एद्वार्दा ने हमें उस अंगरेज़ के बारे में बताया। वह एक सनकी बूढ़ा आदमी था, और खुद से बातें करता रहता था। वह कैथलिक था, और जहाँ जाता अपनी जेब में अपनी प्रार्थना-पुस्तिका साथ लेकर चलता, जिस पर लाल और काले अक्षर थे।

'शाय्यद वह आइरिश था,' डॉक्टर ने सुझाया।

'आइरिश?'

'हाँ, क्यों नहीं होगा, कैथलिक जो था वह?'

एद्वार्दा शर्म से लाल हो गई। वह हक़ला कर इधर-उधर देखने लगी। 'हाँ, हो सकता है वह आइरिश हो।'

इस प्रसंग के बाद उसकी ज़िन्दादिली जाती रही। मुझे उस पर तरस आया और मैंने स्थिति ठीक करने की कोशिश की। मैंने कहा 'नहीं, तुम्हारा सोचना

बिल्कुल सही है कि वह इंगलैण्ड से था। आइरिश लोग नॉर्वे नहीं आते।'

किसी दिन नाव से हम उन चट्टानों को जाकर देखने के लिए राज़ी हो गये जिन पर मछलियाँ सुखायी जाती हैं।

अपने मेहमानों को कुछ दूर तक छोड़कर मैंने लौटकर वापस मछली पकड़ने वाले साज़ो-सामान पर काम करना शुरू किया। दरवाज़े के पास एक कील पर खींचने वाला जाल टँगा था और उसकी जाली में कई जगह ज़ंग लग चुका था। मैंने कुछ कँटिए तेज़ किये, उन्होंने बराबर मोड़ा और दूसरे जालों को देखने लगा। आज के दिन कुछ कर गुज़रना कितना कठिन था। फ़ालतू के ख़्याल मेरे मन में आते जाते रहे। मुझे सूझा कि मिस एद्‌वार्दा को पूरा समय तख़त पर बैठे रहने देना ठीक नहीं था, उसके लिए बेंच पर जगह बनाना चाहिए थी मुझे। अचानक उसका भूरा चेहरा और उसकी भूरी ग्रीवा मुझे अपने सामने दिखायी दी। उसने अपना एप्रन बहुत नीचे अपने कूल्हों पर बाँध रखा था, जैसा कि उन दिनों फ़ैशन था। उसके अँगूठे की कमसिनी और कौमार्य मुझे छू गया था। और अँगूठे के जोड़ पर की झुर्रियों में रहमदिली भरी हुई थी। उसका मुँह उदार था, और ओंठ सुर्ख़।

मैं उठ खड़ा हुआ और दरवाज़ा खोलकर कुछ सुनने की कोशिश करने लगा। मुझे कुछ सुनायी नहीं दिया, न ही सुनने के लिए कुछ था। मैंने दरवाज़ा फिर से बन्द कर दिया। ईसप ने अपनी जगह से उठ कर देखा कि मैं बेचैन था। मुझे ख़्याल आया कि मैं मिस एद्‌वार्दा के पीछे भाग कर उससे अपने जाल की मरम्मत करने के लिए रेशमी धागा माँग सकता था। यह सिर्फ़ बहाना नहीं था, मैं उसे जाल दिखा सकता था जिसमें ज़ंग से छेद हो चुके थे। दरवाज़े से बाहर निकलकर मुझे याद आया कि मेरी मक्षिका-पुस्तक में रेशमी धागा पड़ा था, जरूरत से ज़्यादा धागा था मेरे पास। मैं चुपचाप अन्दर चला आया, हतोत्साहित, क्योंकि मेरे पास पहले ही से रेशमी धागा था।

झोंपड़ी में वापस आते हुए, किसी अजीब चीज़ की साँस सी महसूस हुई मुझे; मानों अब मैं इस जगह अकेला नहीं था।

6

एक आदमी ने मुझसे पूछा कि क्या मैंने शिकार करना बन्द कर दिया था। उसने

एक बार भी मुझे पहाड़ियों में गोली चलाते नहीं सुना था, हालाँकि वह खाड़ी में पिछले दो दिन से मछली पकड़ रहा था। न, मैंने कोई शिकार नहीं किया था, मैं घर पर ही था, झोंपड़ी में, खाने की हर चीज़ के ख़त्म होने तक।

तीसरे दिन ज़रूर मैं शिकार के लिए निकला। जंगल हरा हो रहा था, मिट्टी और दरख़्तों की महक थी, जमी हुई काई में से जंगली गन्दना अभी से हरे अँखुए ऊपर धकेल रहा था। मैं ख़्यालों में खोया हुआ था और कई बार नीचे बैठ जाता था। तीन दिन से मैंने किसी को देखा तक नहीं था, सिवा उस मछुआरे के जिससे मैं कल मिला था। हो सकता आज शाम घर जाते समय अचानक कोई मिल जाए मुझे, मैंने सोचा, शायद जंगल के छोर पर जहाँ पिछली बार मेरी डॉक्टर और मिस एद्वार्दा से मुलाक़ात हुई थी। हो सकता है वे फिर आये हों वहाँ घूमने, शायद हाँ और शायद नहीं। लेकिन मैं ख़ास उन्हीं दो लोगों के बारे में क्यों सोच रहा था? मैंने कुछ सफ़ेद तीतरों का शिकार किया, जिनमें से एक मैंने फ़ौरन भून कर खा लिया। फिर मैंने ईसप को बाँध दिया।

मैं सूखी ज़मीन पर लेटे-लेटे खा रहा था। ज़मीन पर ख़ामोशी छायी थी, बस हवा की ख़फ़ीफ़ मरमराहट थी और यहाँ-वहाँ पक्षियों का स्वर। मैं लेटे-लेटे टहनियों को धीमे-धीमे हवा में हिलते हुए देखता रहा। नन्ही-सी कोई श्रमजीवी हवा एक टहनी से दूसरी टहनी तक पराग-कण लिए चली जा रही थी और हर मासूम मंजरी को भर रही थी। पूरा जंगल उन्मत्त था। एक नन्ही-सी हरी इल्ली किसी टहनी पर फन्दों की तरह चल रही थी, बिना रुके, जैसे वह आराम से बैठ न पा रही हो। उसे शायद ही कुछ दिखायी देता हो, हालाँकि उसकी आँखें हैं। अक़्सर वह तन कर खड़ी हो जाती है, हवा को टोहती है कुछ धर दबोचने के लिए। वह टहनी की लम्बाई को सिलती हुई हरे धागे सी दिखाई देती है। क्या पता शाम तक पहुँच ही जाए जहाँ वह उपस्थित होना चाहती है।

अभी तक बिलकुल चुप, मैं उठ खड़ा होता हूँ और चलने लगता हूँ, बैठ जाता हूँ और फिर उठ जाता हूँ। अभी चार बजे हैं। छः बजेंगे तो मैं घर के लिए चल दूँगा और देखूँगा मुझे कोई मिलता है या नहीं। मेरे पास अभी दो घण्टे का समय है और मैं अभी से कुछ-कुछ बेचैन होने लगा हूँ और अपने कपड़ों से झाड़ी और काई बुहार रहा हूँ। जिन जगहों से मैं गुज़रता हूँ, मैं उन्हें, ख़ूब जानता हूँ, दरख़्त और पत्थर अपने अकेलेपन में वैसे ही खड़े हैं, मेरे पाँवों के

नीचे पत्ते सरसराते हैं। हवा की एकरस सरसराहट और जाने-पहचाने दरख़्त और पत्थर मेरे लिए माने रखते हैं। मैं एक अद्भुत कृतज्ञता महसूस करता हूँ, हर शय मुझसे वाबस्ता है, घुलमिल जाती है मुझमें, हर चीज़ से प्रेम है मुझे। मैं एक सूखी टहनी उठाता हूँ और उसे अपने हाथ में पकड़ लेता हूँ और अपनी धुन में सोचता रहता हूँ; टहनी क़रीबन सड़ चुकी है, उसकी अपर्याप्त छाल से तकलीफ़ होती है मुझे, और मेरे दिल में धीमे से रहम उमड़ने लगता है और जब मैं चलने के लिए उठ खड़ा होता हूँ, मैं टहनी को फेंकता नहीं लेकिन उसे नीचे रख देता हूँ और खड़े-खड़े प्यार से देखता हूँ उसे। अन्त में, नम आँखों से, मैं आख़री बार देखता हूँ उसे छोड़ कर जाने से पहले।

जल्दी ही पाँच बज जाते हैं। सूर्य मुझे ग़लत समय बताता है। मैं पूरा दिन पश्चिम की ओर चलता रहा हूँ और झोंपड़ी पर सूर्य के संकेतों से लगता है मैं आधा घण्टा तेज़ चल रहा हूँ। इस सबकी गुंजाइश मैं छोड़ देता हूँ, लेकिन फिर भी छः बजे तक मेरे पास एक घण्टा है, तो मैं फिर उठता हूँ और कुछ दूर चलता हूँ और मेरे पाँव के नीचे पत्ते सरसराते हैं। इस तरह एक घण्टा और बीत जाता है।

अपने नीचे मैं नदिया को देखता हूँ और चक्की को जो पूरी सर्दियों बर्फ़ के नीचे दबी पड़ी रही है, और मैं रुक जाता हूँ। चक्की चल रही है, उसके शोर से मैं चौंक जाता हूँ, मैं एकदम रुक जाता हूँ। 'ज्यादा देर हो गयी है बाहर मुझे।' मैं ऊँचे स्वर में कहता हूँ। एक टीस मेरे अन्तस को चीर जाती है। मैं जल्दी से मुड़कर घर की ओर चलने लगता हूँ जबकि हर घड़ी मुझे अहसास होता है कि ज़्यादा देर हो गयी है बाहर मुझे। मैं तेज़ चलने लगता हूँ, भागता हूँ। ईसप समझ जाता है कुछ गड़बड़ है, वह खींचता है, मुझे घसीटता है, रोमांच से कुनमुनाता है। हमारे पैरों के नीचे से सूखे पत्ते उछलते हैं।

लेकिन जब हम जंगल के छोर तक पहुँचे, वहाँ कोई नहीं था। हर चीज़ ख़ामोश थी, कोई नहीं था वहाँ।

'कोई नहीं है यहाँ,' मैं खुद से कहता हूँ। और फिर भी मुझे उम्मीद थी कि ऐसा नहीं होगा।

मैं वहाँ ज़्यादा देर नहीं खड़ा रहा, लेकिन अपने सारे ख़्यालों से खिंचा चला जाता हुआ, अपनी झोंपड़ी के पास से गुज़रते हुए, सिरिलुंड की ओर चलने लगा, ईसप के साथ और अपने झोले, बन्दूक और अपने पूरे साज़ो-सामान के साथ।

श्रीमान माक ने बहुत मैत्रीभाव से मेरा स्वागत किया और भोजन के लिए रोक लिया मुझे।

7

मुझे लगता है मैं अपने आसपास के लोगों के मनोभाव कुछ-कुछ भाँप सकता हूँ, या शायद ऐसा नहीं है। आह, जब मेरे दिन अच्छे होते हैं मुझे लगता है मैं दूसरों के मन में गहराई से झाँक कर देख सकता हूँ, भले ही कोई और हुनर न हो मुझमें। किसी कमरे में चन्द आदमियों, और औरतों के बीच बैठे, मुझे प्रतीत होता है कि मैं देख सकता हूँ उनके भीतर क्या चल रहा है और कि वे मेरे बारे में क्या सोच रहे हैं। उनकी हर उड़ती निगाह में मैं कुछ न कुछ पढ़ लेता हूँ। कभी-कभी उनकी गालों में खून को सुर्ख़ी दौड़ जाती है, और कभी वे दूसरी तरफ़ देखने का नाटक करते हैं, लेकिन वे कनखियों से मुझे देखते रहते हैं। मैं वहाँ बैठा-बैठा सब देख लेता हूँ, और किसी को शक नहीं होता कि मैं उनके मन में झाँक कर देख सकता हूँ। पिछले कई साल से मैं मानता रहा हूँ कि मैं जिस किसी से मिलता हूँ उसके ख़्याल ब़खूबी पढ़ सकता हूँ। या शायद ऐसा नहीं है।

मैं पूरी शाम श्रीमान माक की बैठक में बैठा रहा। मैं चाहता, तो फ़ौरन उठकर जा सकता था, वहाँ जमे रहने में मेरी कोई रुचि नहीं थी। पर क्या ऐसा नहीं था कि मैं वहाँ गया ही इसलिए था क्योंकि मेरे मन में उठते हुए तमाम ख़्याल मुझे वहाँ खींच रहे थे? क्या मैं तब भी फ़ौरन उठकर जा सकता था? खाना खा चुकने के बाद हम लोगों ने विस्ट खेली और ताड़ी पी। मैं कमरे के बाकी हिस्से की ओर पीठ करके बैठा रहा। एदुवार्दा मेरे पीछे से निकल कर अन्दर बाहर होती रही। डॉक्टर घर जा चुका था।

श्रीमान माक ने अपनी नये लैम्पों की व्यवस्था मुझे दिखायी, उत्तर तक पहुँचने वाली सर्वप्रथम पराफ़िन लैम्पें, सीसे की भारी भरकम टाँगों पर क्या शानदार चीज़ें थीं वे। वे हर शाम उन्हें खुद जलाते थे। ताकि कोई हादसा पेश न आये। दो एक बार उन्होंने अपने दादा का ज़िक्र भी किया जोकि वाणिज्यदूत थे : 'राजा कार्ल यौहान ने अपने हाथों से मेरे दादा वाणिज्यदूत माक को यह पिन तोहफ़े में दी थी,' उन्होंने अपनी हीरे की पिन की ओर इशारा करते हुए

बताया। उनकी पत्नी की मृत्यु हो चुकी थी, उन्होंने एक छोटे कमरे में रखी उनकी तस्वीर मुझे दिखायी। वे प्रतिष्ठित महिला जान पड़ती थीं, वे लेस की टोपी पहने थीं और शिष्टता से मुस्करा रही थीं। उसी कमरे में किताबों से भरा एक सन्दूक था जिसमें कुछ पुरानी फ़्रेंच किताबें भी थीं जो विरासत में मिली लगती थीं। उनकी जिल्दें सुनहरी थीं और कई लोगों के नाम उनमें लिखे थे। उनमें कई शिक्षा-सम्बन्धी पुस्तकें भी थीं। श्रीमान माक सोचने-विचारने वाले आदमी थे।

उनकी दुकान में काम करने वाले दो सहायकों को भी विस्ट खेलने भीतर आना पड़ा। वे बड़े असमंजस से और धीरे-धीरे खेल रहे थे और एहतियात से गिनती करने के बावजूद भी ग़लतियाँ कर रहे थे। एद्वार्दा उनमें से एक की मदद कर रही थी।

मेरा गिलास मुझसे लुढ़क गया। मैं खिन्न होकर उठ खड़ा हुआ।

'हे भगवान, गिलास गिर गया मुझसे,' मैंने कहा।

एद्वार्दा खिलखिलाकर हँस पड़ी : 'हाँ-हाँ, हम सब देख ही रहे हैं।'

उन्होंने हँसते-हँसते मुझे आश्वासन दिया कि कोई गड़बड़ नहीं हुई है मुझसे। उन्होंने मुझे पोंछने के लिए तौलिया दिया और फिर हम सब खेल में लगे रहे। जल्दी ही ग्यारह बज गये।

एद्वार्दा की हँसी सुनकर मैं खुश नहीं या और इसे लेकर एक धुँधला सा एहसास मुझे घेर रहा था, मैंने उसकी ओर देखा और मुझे लगा कि उसका चेहरा भावशून्य और भद्दा हो आया था। आख़िरकार श्रीमान माक ने इस बहाने खेल को बन्द कर दिया कि उन दो सहायकों को सोना था। और फिर वे सोफ़े पर पिठ्ठा लगाकर अपने जहाज़ पर एक बोर्ड लगाने के बारे में मुझसे सलाह-मशविरा करने लगे। क्या रंग होना चाहिए इबारत का? मैं ऊब चुका था। बिना सोचे-समझे मैंने कहा 'काला', तुरन्त श्रीमान माक ने इसे दोहराया : 'काला, मैंने बिलकुल यही सोचा था। नमक और कनस्तर का डिपो...गाढ़े काले अक्षरों में, सबसे शानदार तो यही लगेगा।...एद्वार्दा क्या तुम सोने नहीं जा रहीं?'

एद्वार्दा उठी, हम दोनों से हाथ मिलाकर उसने 'शुभ-रात्रि' कहा और चली गयी। हम बैठे रहे। हम पिछले साल बिछ कर पूरी हुई रेलवे लाइन की बात करने लगे, और पहली टेलीग्राफ़ लाइन के बारे में। भगवान जाने उत्तर में

कब आयेगी टेलीग्राफ़।

चुप्पी।

'ऐसा है,' श्रीमान माक बोले, 'मैं धीरे-धीरे बूढ़ा हो रहा हूँ, छियालीस का हो चुका हूँ मैं और मेरे बाल और दाढ़ी पक गये हैं। हाँ, मुझे लगता है मैं कुछ बूढ़ा सा हो गया हूँ। दिन के समय अगर आप मुझे देखें, आप कह सकते हैं कि मैं अभी जवान हूँ : लेकिन जब शाम होती है और मैं अकेला होता हूँ, तो मेरी उम्र दिखायी देने लगती है। तब मैं इस कमरे में बैठकर अकेला 'पेशंस' खेलने लगता हूँ। थोड़ी-सी बेईमानी के साथ ठीक-ठाक चलती है गेम। हा! हा!'

'बेईमानी सी ठीक चलती है?' मैंने पूछा।

'हाँ।'

और मैंने कल्पना की कि मैं उनकी आँखों का भाव पढ़ सकता हूँ...

वे उठे और खिड़की के पास चले गये और बाहर देखने लगे। वे पीठ झुकाये खड़े थे, और उनकी गर्दन और गले पर बाल थे। मैं भी उठ खड़ा हुआ। वे मुड़े और अपने लम्बे नुकीले जूतों में मेरी ओर आये। अपनी वास्कट में दोनों अँगूठे डाले वे मुस्कराते हुए अपनी दोनों बाँहें कुछ-कुछ पंखों की तरह फड़फड़ाने लगे। एक बार फिर अपनी नाव मुझे देने का वादा करते हुए उन्होंने अपना हाथ मेरी ओर बढ़ाया।

'मुझे इस बात की इजाज़त दें कि मैं आपको घर तक छोड़कर आऊँ,' उन्होंने कहा और लैम्पों को बुझा दिया। 'हाँ, थोड़ा घूम कर मज़ा आयेगा, अभी बहुत रात नहीं हुई।'

हम दोनों बाहर निकल आये।

उन्होंने लोहार के घर की ओर इशारा करते हुए कहा : 'इस ओर! यह सबसे छोटा रास्ता है।'

'नहीं,' मैंने जवाब दिया, 'घाट की तरफ़ से और भी छोटा है।'

हमने इस बात पर बहस की और सहमत नहीं हुए। मुझे यकीन था कि मैं सही था और मैं समझ नहीं पा रहा था वे अपनी बात पर अड़े क्यों हुए हैं। आख़िर उन्होंने सुझाव दिया कि हम दोनों अपने-अपने रास्ते से जाएँ और जो पहले पहुँच जाए, वह झोंपड़ी पर दूसरे का इन्तज़ार करे।

हम चल पड़े। वे शीघ्र ही जंगल में ग़ायब हो गए।

मैं अपनी सामान्य चाल से चलता रहा। और मैंने अन्दाज़ा लगाया कि

मैं कम से कम पाँच मिनट पहले पहुँच जाऊँगा। लेकिन जब मैं झोंपड़ी तक पहुँचा तो वे पहले ही से वहाँ खड़े थे। उन्होंने मुझे आवाज दी : 'देखा आपने! मैं हमेशा इसी रास्ते से आता जाता हूँ, वाक़ई छोटा है यह रास्ता।'

मैंने बहुत अचरज से उनकी ओर देखा। वे गरम नहीं थे और ऐसा नहीं लगता था वे भागकर आये थे। उन्होंने फ़ौरन मुझसे विदा ली, अच्छी शाम के लिए धन्यवाद दिया और उसी रास्ते लौट गये जिससे वे आये थे।

मैं वहीं खड़े-खड़े सोचने लगा : कितनी अजीब बात है! मुझे फ़ासलों का सही-सही अन्दाज़ा है। और मैं दोनों रास्तों से कई बार आया हूँ। जनाब, आप फिर बेईमानी कर रहे हैं! क्या वह सब दिखावा था?

मैंने फिर देखा उनकी पीठ जंगल में ओझल हो रही थी।

अगले ही क्षण मैं उनके पीछे-पीछे चल दिया। सावधानी से चाल तेज़ करते हुए। मैंने देखा वे बार-बार अपना चेहरा पोंछ रहे थे और अब मुझे इतना विश्वास नहीं रहा था कि वे भागे नहीं होंगे। अब उन्होंने बहुत धीमे-धीमे चलना शुरू कर दिया था और मेरी नज़र बराबर उन पर टिकी हुई थी। वे लोहार के घर के सामने रुक गये। मैं छिप गया और मैंने दरवाज़ा खुलते हुए और श्रीमान माक को प्रवेश करते हुए देखा।

एक बजा था। मैं समुद्र और घास को देखकर बता सकता था।

8

कुछ दिन वैसे ही गुज़र गये जितने ठीकठाक वे गुज़र सकते थे। मेरा एकमात्र मित्र जंगल था और वह महा-एकान्त। मेरे ईश्वर, इन दिनों में पहले दिन का सा अकेलापन मुझे कभी महसूस नहीं हुआ। वसन्त पूरे जोबन पर थी। खेतों में मुझे हेमन्त-हरि और सहस्रपर्णी दिखने लगे थे, और नन्दिचटक आ चुकी थीं, मैं सभी चिड़ियों को जानता था। कभी-कभी मैं जेब से दो एक सिक्के निकालकर खनकाने लगता था, एकान्त भंग करने के लिए। मैंने सोचा : अगर इसेलीन और दीदरिक आ जाएँ तो।

फिर जल्दी ही रात होना बन्द हो गयी। सूर्य मुश्किल से अपना चेहरा समुद्र में डुबोता था, फिर ऊपर आ जाता था, लाल, तरोताज़ा, जैसे वह नीचे सिर्फ़ पीने गया हो। कितना द्रवित हो जाया करता था मैं उन रातों में, कोई

विश्वास कर सकता था? क्या पान वहाँ दरख़्तों में बैठा देख रहा होगा कि मैं क्या कर रहा हूँ? क्या उसका उदर खुला हुआ था। क्या वह इस तरह झुका था कि ऐसा लगे वह अपने ही पेट से पी रहा हो? लेकिन यह सब वह इसलिए कर रहा था कि अपनी एक आँख मुझ पर टिकाए रहे। और उसकी ख़ामोश हँसी से पूरा दरख्त हिल जाया करता था, जब वह देखता था कि मेरे मन में उठते हुए किसी ख़्याल पर बस नहीं था मेरा। जंगल में हर जगह सरसराहट मची रहती थी। पशु सुड़कते रहते, पक्षी एक-दूसरे को पुकारते रहते, हवा उनकी बोलियों से भरी हुई रहती। वह पाँखियों का वर्ष था। पतंगों की संगत में उनकी भनभनाहट से पूरे जंगल में उनकी सरगोशियों के स्वर लरज़ते रहते। कितना कुछ था सुनने को! मैं तीन रात नहीं सोया, दीदरिक और इसेलीन के बारे में सोचते हुये।

देखा, मैंने सोचा था न, वे आयेंगे। और इसेलीन दीदरिक को रिझाकर किसी दरख़्त पर ले आयेगी और कहेगी : 'यहाँ खड़े रहना, दीदरिक, और इसेलीन पर नज़र रखना, पहरा देते रहना। वह शिकारी मेरे जूतों के तसमे बाँधेगा।'

और वह शिकारी मैं हूँ और वह अपनी आँखों से इशारा करेगी मुझे ताकि मैं समझ जाऊँ। और जब वह आती है मेरा हृदय सब समझ जाता है, और वह धड़कता नहीं, खिल उठता है। अपने लिबास के नीचे वह सिर से पाँव तक नग्न है और मैं अपना हाथ उस पर रख देता हूँ।

'मेरा तसमा बाँधो!' उसके कपोल जल रहे होंगे। और कुछ देर में मेरे मुँह पर, मेरे ओठों पर वह खुसफुसाएगी, 'उफ़, तो मेरे तसमे नहीं बाँध रहे न तुम, मेरी जान, बाँध नहीं रहे न ...नहीं बाँध रहे न मेरे...'

लेकिन सूर्य समन्दर में अपना चेहरा डुबोता है और फिर निकल आता है, लाल, तरोताज़ा, जैसे नीचे सिर्फ़ पीने गया हो। और हवा सरगोशियों से भर उठती है।

घण्टे भर के बाद वह मेरे मुँह के पास कहती है, 'अब मुझे जाना है।'

और वह विदा में हाथ हिलाती हुई जाने को होती है उसका चेहरा अभी तक तमतमा रहा है, उसका चेहरा सुकोमल और आह्लादित है। वह फिर पलट कर विदा में हाथ हिलाती है।

लेकिन दीदरिक दरख़्त से निकलकर कहता है, 'इसेलीन, क्या कर रही थीं

तुम? मैंने देख लिया था तुम्हें।'

वह जवाब देती है, 'दीदरिक, क्या देखा था तुमने? मैंने तो कुछ नहीं किया।'

'इसेलीन, मैंने देखा था तुम्हें करते हुए,' वह फिर कहता है। 'देखा था मैंने।'

फिर उसकी खिलखिलाहट से जंगल गूँज उठता है और वह उसके साथ चली जाती है, ख़ुशी से फटती हुई और सिर से पाँव तक गुनाह में सराबोर। कहाँ जा रही है वह? किसी और के पास, जंगल में किसी और शिकारी के पास।

आधी रात हो गयी थी। ईसप स्वयं को छुड़ाकर शिकार पर निकल गया था। ऊपर पहाड़ियों में मैंने उसे भूँकते हुए सुना और जब तक वह मेरे पास लौटा एक बज चुका था। बकरी चराने वाली एक लड़की चली आयी जुराब बुनती हुई, और गुनगुनाती हुई और इधर-उधर देखती हुई। लेकिन उसका झुण्ड कहाँ था? और वह आधी रात के समय जंगल में क्या कर रही थी? कुछ नहीं, कुछ भी नहीं। शायद वह बेचैन थी, शायद ज़िन्दा होने पे खुश, क्या फ़र्क पड़ता है? मैंने सोचा, उसने ईसप को भूँकते हुए सुना होगा और समझ गयी होगी कि मैं जंगल में हूँ।

जब वह आयी, मैं उठ खड़ा हुआ और मैंने देखा कि कितनी कमसिन और नाजुक थी वह। ईसप भी खड़ा होकर उसे देखने लगा।

'कहाँ से आयी हो तुम?' मैंने पूछा।

'चक्की से,' उसने जवाब दिया।

लेकिन इतनी रात गये वह चक्की पर क्या कर रही होगी?

'इतनी रात में तुम जंगल में यूँ घूमने की हिम्मत कैसे कर रही हो?' मैंने पूछा, 'तुम जो इतनी कमसिन और नाजुक हो?'

वह हँसी और कहने लगी, 'मैं इतनी कमसिन भी नहीं हूँ, मैं उन्नीस की हूँ।'

लेकिन वह उन्नीस की नहीं हो सकती, मुझे यकीन है वह झूठ बोल रही है और सिर्फ सत्रह की है। लेकिन उसने झूठ क्यों बोला और क्यों बड़ी होने का स्वाँग कर रही है?

'यहाँ बैठो,' मैंने कहा, 'और मुझे बताओ तुम्हें किस नाम से जाना जाता है।'

और सुर्ख़ पड़ती हुई, वह मेरे पास बैठ गयी और उसने बताया कि उसे हेनूरिएत कहते हैं।

मैंने पूछा, 'तुम्हारा कोई प्रेमी भी है, हेनूरिएत, और क्या उसने कभी तुम्हें अपनी बाँहों में लिया है?'

'हाँ,' उसने झेंपती हँसी से कहा।

'अब तक कितनी बार?'

वह ख़ामोश रहती है।

'कितनी बार?' मैंने दोहराया।

'दो बार,' उसने धीरे से कहा।

मैंने उसे अपनी ओर खींच लिया और पूछा, 'कैसे आगोश में लिया था उसने? ऐसे?'

'हाँ,' वह काँपते हुए खुसफुसाई।

फिर चार बज गये।

9

एद्वार्दा से मेरी बात हुई।

'बारिश होने वाली है,' मैंने कहा।

'क्या बजा है?' उसने पूछा।

मैंने सूरज की तरफ देखा और जवाब दिया, 'लगभग पाँच।'

उसने पूछा, 'तुम सूरज देखकर लगभग सही समय बता सकते हो?'

'हाँ,' मैंने जवाब दिया। 'बता सकता हूँ।'

ख़ामोशी।

'लेकिन जब तुम्हें सूरज दिखायी नहीं देता, तब कैसे पता चलता है?'

'तब मैं दूसरी चीज़ों को देखकर पता लगाता हूँ। जैसे ज्वार-भाटा का उतार-चढ़ाव से, घास से जो एक ख़ास समय लेट जाती है और पक्षियों के बदलते हुए कलरव से भी। कुछ पक्षी तब गाना शुरू करते हैं जब दूसरे चुप हो जाते हैं। और फिर कुछ ऐसे फूलों से भी समय बता सकता हूँ मैं, जो बाद दोपहर बन्द हो जाते हैं। ऐसे पत्ते भी हैं, जो कभी हल्के और कभी गहरे हरे रंग के हो जाते हैं।'

'अच्छा,' उसने कहा।

मुझे पता था बारिश होने वाली है और मैं एद्वार्दा को वहाँ सड़क के बीचोंबीच रोके रखना नहीं चाहता था, मैंने अपनी टोपी को छुआ। लेकिन उसने मुझे एक और प्रश्न से अचानक रोक लिया, और मैं रुक गया। शर्म से लाल होते हुए उसने पूछा मैं इतनी ऊपर आकर क्या कर रहा था, शिकार करने की वजह क्या थी, यह क्यों और वह क्यों? मैं सिर्फ़ भोजन लायक शिकार करता था? क्या मैं ईसप से बहुत कम काम नहीं ले रहा था?

वह सुर्ख़ होती जा रही थी और बहुत निरीह लग रह थी। मैं समझ गया कि कोई मेरे बारे में उससे बातें करता रहा है और वह सुनती रही है। वह अपने विचार नहीं व्यक्त कर रही थी। मुझे उससे हमदर्दी महसूस हुई, वह इस क़दर बेसहारा लग रही थी। मुझे ध्यान आया उसकी माँ नहीं थी। उसकी दुबली बाँहों से लगता था उसकी ओर कोई ध्यान नहीं दिया जा रहा है। यह सब चीज़ें मैं सोचने लगा।

ऐसा है, कि मैं हत्या करने के लिए शिकार नहीं करता, ज़िन्दा रहने के लिए करता हूँ। आज मुझे अगर एक ही तीतर की ज़रूरत है, मैं दो नहीं मारूँगा, दूसरे का शिकार अगले दिन करूँगा। इससे ज्यादा शिकार करके मैं क्या करूँगा? मैं जंगल का निवासी हूँ, जंगल की सन्तान। एक जून के बाद सफ़ेद तीतरों और ख़रगोशों का मौसम जाता रहेगा, इसलिए शिकार करने लायक मेरे पास और होगा भी क्या; तब? तब मैं मछली पकड़कर गुज़ारा करूँगा। तुम्हारे पिता से नाव लेकर निकल जाऊँगा। मैं शिकार इसलिए नहीं करता कि मुझे मारने का शौक है, सिर्फ़ जंगल में रहने की ख़ातिर मैं शिकार करता हूँ। यहाँ अच्छा लगता है मुझे। मैं ज़मीन पर लेटे-लेटे खाना खाता हूँ और कुर्सी पर अकड़कर नहीं बैठना पड़ता मुझे। न गिलास ही गिरता है मुझसे। जंगल में मैं अपनी मर्ज़ी करता हूँ, मैं पीठ के बल लेट कर आँखें मूँद सकता हूँ, और जो चाहूँ बोल सकता हूँ। अक्सर आप कुछ कहना चाह सकते हैं, किसी विषय पर बोलना, और जंगल में ऐसा लगता है जैसे आप अपने हृदय की गहराइयों से बोल रहे हों।

जब मैंने उससे पूछा कि वह समझ रही है क्या, उसने कहा 'हाँ।'

मैं बोलता रहा क्योंकि उसकी आँखें मुझ पर टिकी थीं।

'अगर तुम्हें पता होता उन सभी चीज़ों के बारे में जो मैं खेतों में देखता हूँ,' मैंने कहा। 'सर्दियों में चलते समय बर्फ़ में सफ़ेद तीतर के पाँवों के निशान

दिख जाते हैं मुझे, फिर अचानक ग़ायब हो जाते हैं, पक्षी उड़कर चले गये हैं। लेकिन पंखों के निशान देखकर मैं पता लगा लेता हूँ कि वे किस दिशा में उड़कर गये हैं और कुछ ही देर में मैं फिर उन तक पहुँच जाता हूँ। मेरे लिए हमेशा इसमें कुछ अद्भुत होता है। शरद में कई बार गिरते हुए तारे देखने को मिल जाते हैं। फिर मैं अपने अकेलेपन में सोचता हूँ : क्या किसी दुनिया में कोई उथल-पुथल हुई थी? मेरी आँखों के सामने टूटती हुई दुनिया? और यह सोचना कि मुझे, मेरे जीवन-काल में टूटते हुए तारे का यह दृश्य देखने को मिला है। लेकिन जब ग्रीष्म ऋतु आती है, शायद पत्ते-पत्ते पर एक नन्हा सा प्राणी होता है। मैं देख सकता हूँ कि कुछ के पंख भी नहीं होते, वे ज़्यादा दूर तक नहीं जा सकते, उन्हें उसी पत्ते पर जीना और मरना है, जहाँ वे इस दुनिया में आये थे। सोचो ज़रा! कभी-कभी मुझे नीली मक्खी दिखायी दे जाती है। यह सब कुछ ख़ास नहीं लगता न! मुझे पता नहीं तुम समझती हो या नहीं।'

'हाँ, हाँ समझती हूँ।'

'तो, कभी-कभी मैं घास की ओर देखता हूँ और हो सकता है घास मेरी ओर देख रही हो, कौन जाने? मैं घास के एक तिनके को देखता हूँ, जो ज़रा काँप रहा होता है शायद, और ऐसा लगता है इसका मेरे लिए कोई अर्थ है। मैं सोचता हूँ : घास का यह तिनका काँप रहा है यहाँ। अगर मैं देवदार को देख रहा होता हूँ, तो शायद उसकी कोई एक टहनी रहती होगी जिसे देखकर मैं कुछ सोचने लगता हूँ। लेकिन कई बार मुझे बंजर धरती पर कुछ लोग भी मिल जाते हैं, ऐसा कभी-कभी होता है।'

मैंने उसे देखा, वह झुककर खड़ी थी और सुन रही थी। मैं दोबारा उसे पहचान नहीं पा रहा था। वह इतनी खोयी हुई थी कि ख़ुद की कोई ख़बर ही नहीं थी उसे। वह असुन्दर और बेवक़ूफ़ सी दिखने लगी थी, उसका निचला ओंठ लटक गया था।

'हाँ बेशक,' उसने कहा और सीधी हो गयी।

बारिश की पहले बूँदें गिरने लगी थीं।

'बारिश हो रही है,' मैंने कहा।

'हाँ, सोचो ज़रा! बारिश हो रही है,' उसने चलते हुए कहा।

मैं उसके साथ घर तक नहीं गया। वह अकेली चली गयी जबकि मैं तेज़ी से झोंपड़ी की ओर चलने लगा था। कुछ ही देर में जम कर पानी बरसने लगा।

अचानक मैंने सुना कि कोई मेरे पीछे-पीछे भागकर आ रहा था, मैं रुक गया और एद्वार्दा दिखायी दी। भागते हुए सुर्ख़ हो आयी थी वह।

'मैं भूल ही गयी थी,' वह हाँफ़ते हुए बोली। 'टापुओं पर मछली सुखाने वाली चट्टानों की यात्रा के बारे में। डॉक्टर कल आ रहा है। तुम्हारे पास समय है?'

'कल? हाँ, है।'

'भूल गयी थी मैं,' वह मुस्कराते हुए बोली।

जब वह जा रही थी मैंने उसकी दुबली सुन्दर पिंडलियों को देखा जो टखनों के काफ़ी ऊपर तक भीगी हुई थीं। उसके जूते घिसे हुए थे।

10

एक दिन की मुझे खूब याद है। वह दिन था जब मेरी गर्मियाँ शुरू हुई थीं। अभी रात ही थी जब सूर्य चमकने लगा था और सुबह के लिए गीली ज़मीन को सुखा रहा था। हाल ही में हुई बारिश से हवा कोमल और स्वच्छ थी।

अपने साथियों को मैं बाद दोपहर मिला जो अवतरण-पट्टे पर मेरी राह देख रहे थे। पानी बिल्कुल शान्त था, और टापू से हमें बातचीत और हँसी सुनायी दे रही थी, जहाँ आदमी और लड़कियाँ मछलियों में लगे थे। काफ़ी खुश दोपहर थी वह।

हाँ, क्या खुश नहीं थी वह दोपहर! भोजन और वाइन की टोकरियाँ थीं हमारे पास, एक बड़ा समूह बँटकर दो नावों में बैठ गया, हल्की फ़्रॉकों में युवतियाँ। मैं इतना खुश था कि एक नन्ही-सी धुन गुनगुनाने लगा।

नाव में बैठे-बैठे मैं क़यास लगाने लगा कि वे सब युवा लोग कहाँ से आये होंगे, बेलिफ़ की बेटियाँ थीं और जिले का शल्य-चिकित्सक था, एक दो मास्टरनियाँ थीं, और पुरोहिताश्रम से आयी महिलाएँ थीं। मैंने उन्हें कभी नहीं देखा था, वे मेरे लिए अजनबी थीं, तब भी मेरे साथ ऐसा दोस्ताना व्यवहार कर रही थीं जैसे हम एक दूसरे को बरसों से जानते हों। मुझसे कई बार भारी गलतियाँ हुईं। मैं लोगों के बीच रहने का आदी नहीं रहा था और कई बार उन युवतियों से मैं 'तू' कहकर मुख़ातिब हुआ। लेकिन किसी ने बुरा नहीं माना। एक बार तो मैंने 'डियर' या 'माय डियर' भी कहा, लेकिन इसके लिए भी मुझे क्षमा

कर दिया गया। वे कुछ यूँ पेश आयीं जैसे सुना ही न हो।

श्रीमान माक हमेशा की तरह बिना कलफ़ की कमीज़ पहने थे। हीरे की पिन लगाये। वे काफ़ी ख़ुश नज़र आ रहे थे और दूसरी नाव वालों को पुकार रहे थे : 'पागलो, बोतलों वाली टोकरियों का ध्यान रखो! डॉक्टर, बोतलों के लिए तुम ज़िम्मेदार हो'।

'ठीक है।' डॉक्टर वापस चिल्लाया और पानी पर एक नाव से दूसरी की तरफ़ यह दो पुकारें ही मुझे बहुत उत्सवी और मस्त महसूस हो रही थीं।

एद्‌वार्दा ने कल वाली पोशाक ही पहनी हुई थी, जैसे उसके पास और कोई कपड़े न हों या फिर वह बदलना न चाहती हो। जूते भी वह वही पहने थी। मुझे लगा उसके हाथ ठीक से साफ़ नहीं थे। लेकिन वह एकदम नया हैट पहने थी जिसमें एक पंख लगा हुआ था। नीचे बिछाने के लिए वह अपनी रंगी हुई जैकेट लेकर आयी थी।

श्रीमान माक के अनुरोध पर किनारे लगते समय मैंने सलामी दी—दो गोलियाँ, दोनों नालियों से, जिस पर काफ़ी ज़ोर-शोर से चीत्कार मची। हम टापू की ओर चढ़ गये, श्रमिकों ने हमारा अभिवादन किया और श्रीमान माक अपने कर्मचारियों से बात करने लगे। हमें डेज़ी और बटरकप मिले जो हमने अपने काजों में सजा लिए; कुछ को ब्लूबेल भी मिले।

और समुद्री पक्षियों के झुण्ड ही झुण्ड थे जो हवा में और तट पर चीख-चिल्ला रहे थे।

हम घास के एक टुकड़े पर रुक गये जहाँ बर्च के कुछ ठिगने वृक्ष थे। जिनकी छालें पूरी सफ़ेद थीं। टोकरियाँ खोली गयीं, और श्रीमान माक ने ढक्कन खोलना शुरू किये। हल्के लिबास, नीली आँखें, घेरे में रखे हुए गिलास, समुद्र, सफ़ेद पाल। हम सब थोड़ा-थोड़ा गा भी रहे थे। कपोल सुर्ख़ होने लगे।

एक घण्टा बीत जाने पर, मेरे मन में उठते हुए ख़्याल ख़ुशी से भरे हुए थे। छोटी-छोटी चीज़ों से द्रवित हो रहा हूँ मैं : किसी हैट पर एक चूनर फड़फड़ाती है, बालों की एक लट खुल जाती है, दो आँखें हँसी से मुँद जाती हैं—और मैं स्पन्दन महसूस करता हूँ, उफ़, दिन, यह दिन!

'मैंने सुना है, लेफ़्टिनेंट, आपकी नन्ही झोंपड़ी बड़ी रोचक है।'

'हाँ बस घोंसला सा ही है, लेकिन बिलकुल मेरी पसन्द का। आप ज़रूर तशरीफ़ लाइए किसी दिन। और कहीं भी आपको ऐसा कुछ नहीं मिलेगा। और उसके पीछे बहुत बड़ा जंगल भी है।'

एक अन्य लड़की हमारे पास आ जाती है और आत्मीयता से कहती है, 'आप इससे पहले उत्तर की ओर नहीं आये कभी?'

'नहीं,' मैं जवाब देता हूँ। लेकिन अब मैं सब जानता हूँ यहाँ के बारे में। रात्रि में मैं पहाड़ों के रूबरू होता हूँ, पृथ्वी के, सूर्य के। लेकिन मैं लफ़्फ़ाज़ी नहीं करूँगा। क्या गर्मियाँ होती हैं आपके यहाँ! एक रात जब सभी नींद में होते हैं, वह समूची पुष्पित हो उठती है, और सुबह देखो तो वो रही वह। मैंने अपनी खिड़की से देखा था और सब देख लिया था मैंने। मेरे घर दो नन्ही खिड़कियाँ हैं।

एक तीसरी आती है। वह अपने नन्हे हाथों और दिलक़श आवाज से सम्मोहित करती है। कितनी सम्मोहक हैं वे सब! तीसरी कहती है :

'हम फूलों की अदला-बदली करें? इससे किस्मत अच्छी होती है।'

'हाँ,' मैं कहता हूँ और अपना हाथ बढ़ाता हूँ। कितनी सुन्दर हो तुम! तुम्हारी आवाज़ में जादू भरा है, मैं पूरा समय सुनता रहा हूँ'।

वह अपने ब्लूबेल, वापस खींच लेती है और सख़्ती से कहती है: 'क्या सोच रहे हो तुम? मैं तुमसे थोड़े ही कह रही थी।'

वह मुझसे नहीं कह रही थी! मैं इस बात से आहत हुआ कि मुझे गलतफ़हमी हुई थी। मैं वापस घर पहुँचना चाहता था, बहुत दूर अपनी झोंपड़ी में जहाँ सिर्फ़ हवा मुझसे बातें करती थी। 'क्षमा कीजिएगा,' मैंने कहा। 'ग़लती हुई मुझसे।' दूसरी महिलाएँ एक-दूसरे की तरफ़ देखती हुई चल देती हैं ताकि मैं अपमानित महसूस न करूँ।

ठीक उसी क्षण कोई हमारी ओर तेज़ी से आता है। सभी ने देखा था उसे—एद्वार्दा थी वह। वह सीधे मेरी ओर आती है, मुझसे बात करती है, भींच लेती है मुझे, अपनी बाँहें मेरे गले में डालकर बार-बार मेरे ओठों पर चूमती है मुझे। वह कुछ बुदबुदाती है लेकिन मुझे सुनायी नहीं देता। मुझे कुछ समझ नहीं आ रहा था, मेरा दिल धक से रह गया था, मुझे सिर्फ़ उसकी तीखी निगाह की होश थी। मुझसे अलग होते हुए उसकी नन्ही सी छाती हाँफ़ रही थी। वह खड़ी थी वहाँ, अपने भूरे चेहरे और भूरी गर्दन के साथ, लम्बी और छरहरी, चमकती

हुई आँखों से और पूरी तरह बेख़बर; सब उसे देख रहे थे। एक बार फिर उसकी भवों की गोलाई पर मुग्ध था मैं।

हे ईश्वर!–उस लड़की ने सबके सामने चूमा था मुझे!

'क्या बात है, मिस एद्‌वार्दा?' मैंने पूछा, और मैं अपनी रगों में दौड़ते हुए ख़ून को सुन रहा हूँ जो मुझे ठीक से बोलने नहीं दे रहा।

'कुछ नहीं,' वह कहती है। 'यही मेरी इच्छा थी बस। और कुछ नहीं।'

मैं अपनी टोपी उतारता हूँ और यन्त्रवत्‌ अपने बाल सँवारता हूँ उसे देखते हुए। 'कुछ नहीं...?' मैंने सोचा।

टापू पर कहीं से श्रीमान माक की आवाज़ सुनायी देती है। जहाँ हम खड़े हैं हमें सुनायी नहीं देता वे क्या कह रहे हैं। पर मैं खुश हूँ कि उन्होंने यह सब नहीं देखा और कुछ पता नहीं चला उन्हें। अच्छा था कि वे इस समय द्वीप पर कहीं और थे। मुझे राहत महसूस होती है इस पर और मैं लोगों की तरफ़ जाते हुए हँसता हूँ और कृत्रिम लापरवाही से कहता हूँ : 'क्या मैं आप लोगों से अपने व्यवहार के लिए क्षमा-याचना कर सकता हूँ। मिस एद्‌वार्दा मेरे साथ फूलों की अदला-बदली करना चाहती थी, और मैं खुद को इस क़दर भूल गया कि मैंने उसे नाराज़ कर दिया। मैं आपसे और उससे क्षमा चाहता हूँ। आप अपने को मेरी जगह रखकर देखें। मैं बिल्कुल अकेला रहता हूँ, महिलाओं की सोहबत का आदी नहीं हूँ। और फिर मैं वाइन पीता रहा हूँ और इसकी भी आदत नहीं है मुझे। आप मेरे साथ नर्मी से पेश आने की मेहरबानी करेंगे।'

मैं हँस रहा था, यह दिखावा करते हुए कि इस नामालूम-सी चीज़ की मुझे कोई ख़ास परवाह नहीं है। लेकिन मन ही मन मैं संजीदा था। न ही मेरे शब्दों का एद्‌वार्दा पर कोई ख़ास असर हो रहा था। वह कुछ छिपाने की कोशिश नहीं कर रही थी और जल्दबाज़ी में की हुई अपनी हरक़त का असर मिटाने की कोशिश भी नहीं कर रही थी। इसके विपरीत वह मेरे बिलकुल क़रीब आकर बैठ गयी और लगातार मेरी ओर देखती रही। बीच-बीच में वह मुझसे कुछ कह देती थी। बाद में, जब हम **विधवा** खेल रहे थे, उसने ऊँचे स्वर में कहा, 'मुझे लेफ़्टिनेंट ग्लान चाहिए, दूसरों के पीछे भागने की नहीं पड़ी है मुझे।'

'जहन्नुम के वास्ते, लड़की, चुप हो जाओ तुम,' मैं बुदबुदाया और अपना पाँव ज़ोर से ज़मीन पर दे मारा मैंने।

उसके चेहरे पर आश्चर्य घिर आया। उसने आहत सी होकर नाक

चिढ़ायी, फिर शर्म से मुस्करा दी। मैं बहुत द्रवित हो उठा। उसकी आँखों और उसकी समूची छरहरी काया की निरीहता की उपेक्षा नहीं कर पाया मैं। मुझे अच्छी लगने लगी वह और उसके लम्बे, दुबले हाथ को मैंने अपने हाथ में ले लिया।

'बाद में,' मैंने कहा। 'इस समय और नहीं। हम कल फिर मिल सकते हैं।'

11

रात में मैंने ईसप को अपने कोने से उठकर गुर्राते हुए सुना। मुझे अपनी नींद के दौरान उसकी आवाज़ आती रही, लेकिन क्योंकि उस समय मुझे शिकार के सपने आ रहे थे, गुर्राहट सपने में घुलमिल गयी और मेरी नींद में कोई विघ्न नहीं पड़ा। जब मैं सुबह दो बजे उठकर झोंपड़ी से बाहर निकला, तो घास में पाँवों के निशान थे, कोई आया था वहाँ, पहले एक खिड़की तक, फिर दूसरी। पगडण्डी पर कुछ दूर जाकर निशान ग़ायब हो गए।

वह अपने तपते हुए कपोल लिए मेरे पास आयी, उसका चेहरा खिला हुआ था।

'क्या तुम प्रतीक्षा कर रहे थे?' उसने पूछा।

'मुझे डर था तुम्हें प्रतीक्षा करनी पड़ेगी।'

मैं प्रतीक्षा नहीं कर रहा था : वह मुझसे पहले ही पहुँच गयी थी।

'क्या तुम ठीक से सोयीं?' मैंने पूछा। मुझे पता नहीं था क्या बात करूँ।

'नहीं, ठीक से नहीं सोयी मैं। जागती रही हूँ,' उसने जवाब दिया। और उसने मुझे बताया कि वह रात में सोने की बजाय आँखें मूँद कर कुर्सी पर बैठी रही थी। और सैर करने गयी थी।

'रात मेरी झोंपड़ी के बाहर कोई था,' मैंने कहा। 'मैंने घास में आज सुबह कदमों के निशान देखे थे।'

उसका चेहरा सुर्ख़ पड़ जाता है, वह मेरा हाथ ले लेती है, वहीं सड़क पर, और जवाब नहीं देती। मैं उसकी ओर देखते हुए पूछता हूँ, 'तुम थीं, शायद?'

'हाँ,' वह मुझसे सटती हुई बोली। 'मैं ही थी। तुम्हें जगा तो नहीं दिया

न मैंने?' मैं बिल्कुल चुपचाप चलने की कोशिश कर रही थी। मैं ही थी। एक बार फिर तुम्हारे क़रीब थी मैं। मैं बहुत चाहती हूँ तुम्हें।'

12

रोज़, हर रोज़ मैं उसे मिला करता था। मैं यह सच कुबूल करता हूँ कि मैं उससे मिलकर बहुत ख़ुश होता था; हाँ, मेरा दिल उड़ने लगता था। इस गर्मी में दो बरस पहले की बात हो जाएगी। अब मैं तभी सोचता हूँ इसके बारे में जब मेरा मन चाहता है। अब मुझे वह सारा सिलसिला रोचक और मनोरंजक लगता है, और जहाँ तक दो हरे पंखों का सवाल है, मैं जल्दी ही बताऊँगा उनके बारे में।

हम कई जगह मिला करते थे : चक्की पर, पगडण्डी पर, मेरी झोंपड़ी में भी। जहाँ मैं चाहता था, वह आ जाती थी। 'हलो।' वह आवाज़ देती शी, और मैं जवाब में कहता था–'हलो।'

'आज तुम ख़ुश हो, तुम गा रहे हो,' वह कहती है, और उसकी आँखें चमकती हैं।

'हाँ, मैं ख़ुश हूँ,' मैं जवाब देता हूँ। 'तुम्हारे कन्धे पर कुछ लगा है, धूल है, शायद सड़क की।' मैं चूमना चाहता हूँ उसे–'नहीं, प्लीज़ चूम लेने दो मुझे! तुम्हारी हर चीज़ पर प्यार आता है मुझे, 'हर समय तुम्हीं में रहता है मेरा मन। कल रात मैं सोया भी नहीं।'

और यह सच था। एक से ज़्यादा रातें बीत गयी थीं मुझे सोये हुए।

हम पगडण्डी पर साथ-साथ चलने लगते हैं।

'मुझे बताओ, क्या मैं वैसा कर रही हूँ जैसा तुम चाहते हो?' वह कहती है। 'शायद मैं बहुत ज़्यादा बोलती हूँ? नहीं? लेकिन तुम्हें बताना चाहिए तुम क्या सोचते हो। कभी-कभी मैं ख़ुद से कहती हूँ कि यह सब नहीं चलेगा...।'

'क्या नहीं चलेगा?' मैं पूछता हूँ।

'यह, हम। नहीं चलेगा यह कभी। तुम विश्वास करो न करो, मैं एकदम ठण्डी हूँ इस समय। जब मैं तुम्हारे पास आती हूँ कुछ बर्फ़ सा ठण्डा मेरी पीठ पर सरकने लगता है। निरी ख़ुशी से।'

'हाँ, मेरे साथ भी ऐसा ही है,' मैं जवाब देता हूँ। 'तुम्हें देखकर मैं भी ठिठुरने लगता हूँ। लेकिन सब ठीक हो जाएगा। ख़ैर मैं तुम्हारी पीठ पर चपत

लगाकर तुम्हें गरम कर लूँगा।'

कुछ झिझकते हुए वह मुझे ऐसा करने देती है। मैं मज़ाक़ में ज़रा ज़ोर से लगाता हूँ उसे और हँसता हूँ। और पूछता हूँ क्या इससे कुछ मदद मिल रही है।

'उफ़ नहीं, प्लीज़ मुझे और घूँसे मत मारो,' वह कहती है।

यह शब्द! कितनी निरुपाय लग रही थी वह यह शब्द बोलती हुई : 'प्लीज़ मुझे और घूँसे... ।'

हम पगडण्डी पर चलते रहे। क्या वह मेरे मज़ाक़ से नाराज़ हो गयी है? मैं सोचता रहा और फिर मुझे लगा : देखेंगे! तो मैंने कहा :

'मुझे कुछ याद आया। एक बार स्लेज की सवारी करते हुए, एक युवती ने अपने गले से अपना रेशमी स्कार्फ़ उतारकर मेरे गले में बाँध दिया था। उस शाम मैंने उससे कहा, मैं तुम्हारा स्कार्फ़ कल वापस करूँगा धुलवाकर। नहीं, उसने कहा, मुझे अभी वापस दे दो, मैं वैसे ही रखूँगी इसे, जैसा तुमने पहना है। तो मैंने लौटा दिया उसे। तीन साल बाद मैं उससे फिर मिला। 'स्कार्फ़?' मैंने पूछा, उसने निकालकर दिखाया मुझे। वह अभी तक उसी काग़ज़ में लिपटा था, और अभी तक धोया नहीं गया था, मैंने अपनी आँखों से देखा था।'

एद्वार्दा ने पलटकर मुझे देखा।

'हाँ, तो फिर क्या हुआ?'

'कुछ नहीं, बस इतना ही,' मैंने कहा।'लेकिन मैं सोचता हूँ कितना अच्छा था वह प्रसंग।'

ख़ामोशी।

'अब कहाँ है वह?'

'विदेश।'

हम दोनों ने इस विषय पर और बात नहीं की। लेकिन जब वह घर जाने को हुई, उसने कहा, ' अच्छा, शुभ-रात्रि। उसके बारे में और नहीं सोचना, क्यों? मैं तुम्हारे सिवा किसी के बारे में नहीं सोचती।'

मुझे यकीन था। मैंने देखा कि वह सोच समझ कर बोल रही थी, और यह काफ़ी था कि वह सिर्फ़ मेरे बारे में सोचती है। मैं उसके पीछे-पीछे गया।

'धन्यवाद, एद्वार्दा,' मैंने कहा। और फिर तहे-दिल से मैंने जोड़ा, 'तुम मेरे लिए ज़रूरत से ज़्यादा अच्छी हो, लेकिन मैं तुम्हारा शुक्रगुज़ार हूँ कि तुम मुझे

चाहती हो। ईश्वर तुम्हें ज़रूर इसका फल देगा। मैं उतना अच्छा तो नहीं हूँ जितने और कई होंगे जो तुम्हें मिल सकते थे, लेकिन मैं बिलकुल तुम्हारा हूँ, पागलों की तरह तुम्हारा, अपनी अनश्वर आत्मा से। क्या सोच रही हो तुम? तुम्हारी आँखों में आँसू हैं।'

'कुछ नहीं,' उसने जवाब दिया। 'मुझे बहुत अजीब लगा यह सुनकर कि ईश्वर मुझे इसका फल देगा। तुम कैसी-कैसी बातें कहते हो... उफ़ मैं कितना चाहती हूँ तुम्हें।'

और अचानक उसने अपनी बाँहें मेरे गले में डालकर, वहीं सड़क के बीचोंबीच बेतहाशा चूमना शुरू कर दिया मुझे।

जब वह चली गयी, मैं पगडण्डी छोड़कर जंगल की ओट में चला गया अपनी खुशी के संग अकेले होने के लिए और फिर मैं वापस भागकर गया यह देखने कि किसी ने मुझे देख तो नहीं लिया था। लेकिन मुझे कोई नज़र नहीं आया।

13

गर्मी की रातें और शान्त जल और अन्तहीन ख़ामोश जंगल। कोई पुकार नहीं, पगडण्डी पर एक भी कदम की आहट नहीं, मेरा हृदय लबालब भरा था जैसे गहरे रंगी अंगूरी शराब से।

मेरी खिड़की में से पतंगे और अन्य रात्रि-कीट बिना आवाज़ किए अन्दर उड़े चले आते थे, चूल्हे की लौ और भुनती हुई चिड़िया के आकर्षण से। वे मन्द ध्वनि से छत पर बजते हैं, मेरे कानों के पास से भनभनाते हुए, जिससे एक सिहरन मेरे अन्दर दौड़ जाती है, फिर वे दीवार पर लटके हुए बारूद से भरे सफ़ेद सींग पर बैठ जाते हैं। मैं उन्हें देखता हूँ, वे काँपते हुए बैठे हैं और मुझे देखते हैं। रेशम के कीड़े और तेज़ पतंगे और बाक़ी सब। उनमें से कुछ मुझे पैंज़ी के उड़ते हुए फूलों की तरह लगते थे।

मैं झोंपड़ी के बाहर निकलकर सुनने की कोशिश करता हूँ। कुछ नहीं, कोई ध्वनि नहीं, सभी चीज़ें नींद में हैं। हवा उड़ते हुए कीड़ों से चमक रही है, भनभनाते हुए लाखों पंख। वहाँ जंगल के छोर पर पर्णांग उगे हैं और भिक्षु-छत्र, झाड़ियाँ भी पुष्पित हैं और मुझे उनके नन्हें फूलों से बेहद प्यार है। मैं खुदा का

शुक्रिया अदा करता हूँ झाड़ी के हर नन्हें फूल के लिए, वे मेरे रास्ते पर नन्हें गुलाबों की तरह बिछे हैं और मैं उनके प्रेम में रोता हूँ। कहीं बिलकुल क़रीब जंगली गुलाब हैं; मैं उन्हें देख नहीं सकता लेकिन उनकी महक आती है मुझे।

लेकिन अब, जंगल की रात्रि-वेला में, विशाल सफ़ेद फूल अचानक खिल उठे हैं, उनके कटोरे भरपूर खुले हैं, और वे साँस ले रहे हैं। और रोयेंदार श्येन शलभ उनकी पँखुड़ियों में खुद को छिपा लेते हैं पूरे पौधे को स्पन्दित कर देते हुए। मैं एक फूल से दूसरे फूल तक जाता हूँ। वे उन्मत्त हैं, और मैं उन्हें नशे में झूमते हुए देख रहा हूँ।

हल्की पदचाप, साँस की आवाज़, एक खुशमिजाज़ 'गुड ईवनिंग'।

मैं जवाब देता हूँ और खुद को रास्ते की ज़मीन पर बिठाकर, दो घुटनों और झीनी पोशाक को चूमता हूँ।

'तुम कितना चाहते होगे मुझे,' वह हौले से कहती है।

'मैं कितना शुक्रगुज़ार हूँ,' मैं जवाब देता हूँ। 'तुम मेरी हो और सारा दिन मेरा हृदय मेरे भीतर शान्त बैठा रहता है तुम्हारे बारे में सोचते हुए। तुम इस दुनिया की सबसे खूबसूरत प्राणी हो, और मैंने तुम्हें चूमा है।'

'आज की रात ही क्यों तुम मुझे इस क़दर चाहते हो?' वह पूछती है।

बेशुमार वजहों से; उसके बारे में सोचते ही मैं ऐसा महसूस करने लगता हूँ। ऊँची गोल भवों के नीचे से उसकी वह निगाह, वह खूबसूरत साँवली त्वचा!

'मैं कैसे न चाहूँ, तुम्हें?' मैं कहता हूँ। 'मैं हर दरख़्त का शुक्रिया अदा करता फिरता हूँ कि तुम ठीकठाक हो और काफ़ी दम है तुममें। एक बार एक डांस पार्टी में मैं एक जवान लड़की से मिला जो हर नृत्य में बैठी रही थी, और सब लोग उसे अकेला छोड़कर नाच रहे थे। मैं उसे जानता नहीं था, लेकिन मैं उसके चेहरे से प्रभावित था और मैंने झुककर उसका अभिवादन किया। तो? नहीं, उसने सिर हिलाया। क्या तुम नहीं नाचोगी? मैंने उससे पूछा। क्या तुम कल्पना कर सकती हो, उसने कहा, मेरे पिता देखने में बहुत अच्छे थे और मेरी माँ अनिंद्य सुन्दरी थी, और मेरी माँ पिता पर बुरी तरह फ़िदा हो गयीं। लेकिन मैं लँगड़ी पैदा हुई।'

एद्वार्दा ने मेरी ओर देखा।

'चलो बैठ जाएँ।' उसने कहा।

हम झाड़ियों में बैठ गये।

'तुम्हें पता है मेरी मित्र तुम्हारे बारे में क्या कहती है?' वह कहने लगी। 'वह कहती है तुम्हारी निगाह किसी वनैले पशु जैसी है, और जब तुम उसकी ओर देखते हो वह पगला जाती है। जैसे तुमने उसे छुआ हो।'

यह सुनकर मुझे एक अजीब खुशी ने घेर लिया, अपने लिए नहीं, लेकिन एद्‌वार्दा की ख़ातिर, और मैंने सोचा, मैं तो सिर्फ़ एक की परवाह करता हूँ, वह क्या सोचती है, मेरी आँखें कैसी लगती हैं? मैं उससे पूछता हूँ :

'कौन थी वह?'

'मैं नहीं बताऊँगी,' उसने कहा, 'लेकिन टापू पर जो लोग थे, उनमें थी वह।'

'ज़रूर रही होगी।'

और फिर हम और बातें करने लगे।

'कुछ दिन में मेरे पिता रूस जा रहे हैं,' वह बोली, 'और फिर मैं दावत दूँगी, क्या तुम कूर टापुओं पर गये हो? हम वाइन की दो टोकरियाँ साथ लेकर जाएँगे, और पुरोहिताश्रम की महिलाएँ भी आयेंगी। मेरे पिता ने मुझे वाइन दे भी दी है। तुम मेरी मित्र की ओर फिर वैसे तो नहीं देखोगे न? कहो कि नहीं देखोगे। नहीं तो मैं उसे नहीं बुलाऊँगी।'

बिना कुछ और कहे, वह भावावेश में मेरी छाती में सिमट गयी और मेरी तरफ़ देखने लगी, उसने गहरे श्वास लेते हुए मेरे चेहरे को निहारा। उसने मेरी तरफ़ एक अँधेरी सी निगाह से देखा।

मैं तपाक से उठ खड़ा हुआ और, असमंजस में मैंने पूछा, 'तो तुम्हारे पिता रूस जा रहे हैं?'

'तुम झट से क्यों उठ खड़े हुए? उसने पूछा।

'क्योंकि बहुत देर हो गयी है, एद्‌वार्दा,' मैंने कहा। 'सफ़ेद फूल बन्द हो रहे हैं, सूर्य उग रहा है, दिन होने वाला है।'

मैं उसके साथ जंगल के भीतर तक गया और उसे तब तक देखता रहा जब तक मैं देख सकता था उसे। बहुत नीचे, वह मुड़ी और बहुत धीमे से शुभ-रात्रि कहा उसने। फिर वह नज़रों से ओझल हो गयी। उसी क्षण, लोहार का दरवाज़ा भी खुला, सफ़ेद कमीज़ पहने एक आदमी बाहर आया, अपने टोप को खींच कर आँखों तक ले आया वह और सिरिलुंड के रास्ते चल पड़ा।

एद्‌वार्दा की शुभ-रात्रि अभी तक मेरे कानों में गूँज रही थी।

14

खुशी नशीली होती है। मैं बन्दूक से गोली दागता हूँ और एक अविस्मरणीय अनुगूँज एक से दूसरी पहाड़ी में जवाब देती है, फिर समुद्र की तरफ़ तैर जाती है और किसी उनींदे मल्लाह के कानों से जा टकराती है। मैं किस बात पर खुश हूँ? कोई ख़्याल आता है मुझे, कोई स्मृति, जंगल से आती हुई कोई आवाज़, कोई शख़्स। मैं उसके बारे में सोचता हूँ, आँखें मूँद लेता हूँ और पगडण्डी पर निश्चल खड़ा होकर उसके बारे में सोचता हूँ; मैं लमहे गिनता हूँ।

अब मुझे प्यास लगी है और मैं झरने से पानी पीता हूँ; अब मैं आगे पीछे चलता हूँ, सौ कदम इस तरफ़ सौ उस तरफ़ गिनता हूँ; देर हो गयी है, मैं सोचता हूँ।

क्या कोई गड़बड़ हो गयी है? एक महीना गुज़र चुका है, और एक महीना कोई ख़ास समय नहीं होता, कोई गड़बड़ नहीं हुई हो सकती! ईश्वर जानता है कि यह महीना कितनी तेज़ी से बीत गया है। लेकिन रातें अक्सर लम्बी होती हैं। और मैं झरने में अपनी टोपी डुबो कर फिर उसे सूखने देता हूँ, सिर्फ़ इन्तज़ार की घड़ियाँ कम करने के लिए।

मैं रातों में अपनी घड़ियाँ गिनता हूँ। कोई ऐसी रात होती थी जब एद्वार्दा नहीं आती थी; एक बार वह दो रात नहीं आयी। दो रात। बात कुछ भी नहीं थी, लेकिन फिर भी मुझे लगा था जैसे मेरी खुशी की चरम सीमा अब पीछे छूट चुकी है।

ऐसा नहीं था क्या?

'क्या तुम सुन रही हो, एद्वार्दा, आज की रात जंगल में किस क़दर बेचैनी है? झाड़-झंखाड़ में लगातार सरसराहट मच रही है और बड़े-बड़े पत्ते काँप रहे हैं। कुछ सुगबुगा रहा है शायद। लेकिन मैं यह नहीं कहना चाहता था। मुझे ऊपर पहाड़ियों में किसी पक्षी के गाने की आवाज़ सुनायी दे रही है, वल्गुली ही है। लेकिन वह पिछली दो रातों से एक ही जगह बैठा-बैठा पुकारता चला जा रहा है। क्या तुम वही की वही आवाज़ बार-बार सुन रही हो?'

'हाँ सुन रही हूँ। लेकिन क्यों पूछ रहे हो?'

'किसी ख़ास वजह से नहीं। वह दो रातों से वहाँ बैठा है। मैं तुम्हें बताना चाहता था, बस।...शुक्रिया, आज शाम आने के लिए तुम्हारा शुक्रिया, मेरी

प्यारी एद्वार्दा। आज या फिर कल शाम तुम्हारे आने की राह देखता बैठा हूँ मैं यहाँ।'

'और मैं भी राह देख रही थी। मैं तुम्हारे बारे में सोचती रहती हूँ और उस गिलास के टुकड़े सँभाल कर रखे हैं मैंने, जो तुमसे टूट गया था, याद है तुम्हें? मेरे पिता कल रात यात्रा पर निकल रहे थे, इसलिए मेरे न आने की वजह थी; काफ़ी सामान बाँधना था और उन्हें कई चीज़ों की याद दिलाना थी। मुझे मालूम था तुम यहाँ जंगल में मेरी राह देख रहे होगे, और मैं पैकिंग करते हुए रो रही थी।'

लेकिन वह तो दो रातों से नहीं आयी, मैंने सोचा, पहली रात वह क्या कर रही होगी, और उसकी आँखों में पहले की सी ख़ुशी क्यों नहीं थी?

एक घण्टा बीत गया। ऊपर पहाड़ों में बैठी चिड़िया चुप हो गयी थी, जंगल मर चुका था। नहीं, नहीं कुछ भी बिगड़ा नहीं था, सब वैसा ही था। उसने शुभ-रात्रि कहने के लिए अपना हाथ मुझे दिया और मेरी ओर प्रेम भरी आँखों से देखा।

'कल?'

'नहीं, कल नहीं,' उसने जवाब दिया।

मैंने वजह नहीं पूछी।

'कल हमारी दावत है,' वह हँसकर बोली। 'मैं तुम्हें सर्प्राइज़ देना चाहती थी, लेकिन तुम इतने दुखी लग रहे थे कि तुरन्त बताना पड़ा मुझे। मैं तुम्हें लिखित निमन्त्रण भेजना चाहती थी।'

और मेरा जी अपार हल्का हो गया।

वह विदा में सिर हिलाती चली गयी।

'एक चीज़ और,' मैंने वहीं खड़े-खड़े पूछा, 'टूटे हुए गिलास के टुकड़े सँभाल कर रखे हुए कितना समय हुआ होगा?'

'कितना समय?'

'हफ़्ता हुआ है शायद, या पन्द्रह दिन?'

'हो सकता है पन्द्रह दिन, लेकिन क्यों? तुम क्यों पूछ रहे हो? न, मैं तुम्हें सच बताती हूँ। यह कल की बात है।'

कल! तो कल तक वह मेरे बारे में सोच रही थी। अब सब ठीक था।

15

दोनों कश्तियाँ पानी में उतार दी गयीं और हम लोग सवार हो गये। हम बातें करते और गाते हुए जा रहे थे। नन्हे कूर टापू दूसरे टापुओं से परे थे। नावें खेकर वहाँ पहुँचने में समय था और हम अपनी नाव से दूसरी नाव के लोगों से गप करते हुए जा रहे थे। डॉक्टर हल्के कपड़े पहने था, जैसे कि महिलाएँ भी। मैंने उसे कभी इतना हँसमुख नहीं देखा था। वह बातचीत में हिस्सा ले रहा था। चुपचाप बैठा सुन भर नहीं रहा था। मुझे लग रहा था वह थोड़ी पीता रहा है और काफ़ी ख़ुश नजर आ रहा है। जब हम लोग उतरे तो उसने सभी का ध्यान आकर्षित कर उनका स्वागत किया। मैंने सोचा : तो एद्‌वार्दा ने उसे मेज़बानी के लिए चुना है।

वह महिलाओं का मनोरंजन काफ़ी मिलनसारी से करता रहा। एद्‌वार्दा के साथ वह भद्रता और सहृदयता से पेश आ रहा था, अक्सर पिता सरीखा व्यवहार करता हुआ, और पहले कई मौकों की तरह कुछ-कुछ पाण्डित्यपूर्ण। एद्‌वार्दा ने एक तिथि का ज़िक्र किया और किसी वक्त कहा : 'मैं अड़तीस में पैदा हुई थी,' और डॉक्टर ने कहा : 'तुम्हारा आशय अट्ठारह सौ अड़तीस से होगा।' और अगर उसने जवाब दिया होता, 'नहीं, उन्नीस सौ अड़तीस में,' तो वह बिना झेंपे उसे सही करने की गर्ज़ से कहता : 'निश्चित ही यह ठीक नहीं है।' जब-जब मैंने कुछ कहा, उसने मेरी उपेक्षा नहीं की लेकिन काफ़ी ध्यान से और शिष्टतापूर्वक सुनता रहा।

एक युवा लड़की ने आकर मुझसे हाथ मिलाया। मैंने उसे इस बार नहीं पहचाना, पहचान नहीं पाया; और जब मैंने हैरान होकर कुछ शब्द कहे, वह हँसने लगी। वह डीन की बेटी थी; मछली सुखाने वाली चट्टानें देखने जिस दिन हम लोग गये थे, मैं उससे मिला था और उसे अपनी झोंपड़ी पर आने का न्यौता दिया था। हम कुछ देर बात करते रहे।

एक या दो घण्टे गुज़र जाते हैं। मैं कुछ ऊब गया हूँ। मैं उनके द्वारा मेरे लिए उँड़ेली अंगूरी शराब पीता हूँ और दूसरों से मिलता-जुलता हूँ, सबसे बतियाता हुआ। एक बार फिर मैं दो एक ग़लतियाँ कर बैठता हूँ, मैं असुरक्षित ज़मीन पर हूँ, और उन लोगों की छोटी-छोटी शिष्टताओं को तुरन्त ठीक से समझ नहीं पाता हूँ। मैं या तो अण्ड-बण्ड बोलता रहता हूँ या फिर एकदम चुप

किसी जगह खड़ा रहता हूँ, और इस वजह से भन्नाता रहता हूँ। वहाँ बड़ी चट्टान के पास, जिससे हम मेज़ का काम ले रहे हैं, डॉक्टर हाथ हिला-हिलाकर बातें कर रहा है।

'आत्मा! आत्मा क्या है?' वह कह रहा था। डीन की बेटी ने डॉक्टर पर आरोप लगाया कि वह नास्तिक है, स्वतन्त्र-विचारक है। 'तो क्या आदमी को स्वतन्त्रता से नहीं सोचना चाहिए? लोग जहन्नुम की कल्पना कुछ यूँ करते हैं जैसे वह पाताल-लोक में चल रही कोई व्यवस्था हो, जिसका मैनेजिंग डायरेक्टर शैतान हो–या फिर किसी तरह का बादशाह हो वह।' गिरजे के उपग्रह में लटकी वेदिका पेंटिंग के बारे में डॉक्टर कह सकता है: कोई ख्रीष्ट कुछ यहूदी आदमी औरतों के साथ पानी की शराब बनाता हुआ, क्यों नहीं। लेकिन ख्रीष्ट के सिर के चारों ओर प्रभामण्डल भी क्या था? एक पीला छल्ला तीन बालों पर टिका हुआ!

दो औरतों ने घबराहट में हाथ जोड़ लिए, लेकिन डॉक्टर ने खुद को बचा लिया और मज़ाक़ में कहने लगा : 'हाँ बहुत घिनौना लगता है न यह सुनने में? मैं मानता हूँ कि ऐसा है। लेकिन अगर आप छः-सात बार इसे दोहराएँ और ज़रा सोचें, तो ठीकठाक लगने लगता है...क्या भद्र महिलाएँ मेरे साथ पीना पसन्द करेंगी?'

और उन दो महिलाओं के सामने घास पर वह घुटनों के बल बैठ गया; और अपना हैट उतारकर अपने सामने रखने की बजाय, उसे अपने बायें हाथ में लिये हवा में लहराने लगा और अपना सर पीछे फेंककर उसने अपना गिलास खाली कर डाला। मैं उसके आत्म-विश्वास से काफ़ी मुतासिर था और उसके साथ मैं भी जरूर पीता, अगर उसका गिलास ख़ाली न हो गया होता।

एद्‌वार्दा की निगाह उस पर टिकी थी। मैंने उसके पास जाकर कहा, 'हम लोग आज फिर विधवा खेलें?'

वह चौंक कर उठ खड़ी हुई।

'यह मत भूलना हम एक-दूसरे को तू कहकर नहीं बुला सकते यहाँ,' वह धीमे से बोली।

लेकिन मैंने तू तो कहा ही नहीं था। मैं वहाँ से हट गया।

एक घण्टा और बीत गया। दिन लटक रहा था। अगर तीसरी नाव होती तो मैं कब का घर चला गया होता। ईसप झोंपड़ी में बँधा हुआ था, शायद मेरे

बारे में सोच रहा होगा। एद्‌वार्दा के ख़्याल यकीनन ही मुझसे बहुत दूर चले गये थे। वह दूर-देश की यात्राओं के मज़े के बारे में बोल रही थी। उसके कपोल यह सोच कर सुर्ख़ हो रहे थे और एक ग़लती हो गयी उससे। 'कोई मुझसे ज़्यादा अधिक खुश नहीं होगा जिस दिन मैं...'

'ज़्यादा अधिक खुश...?' डॉक्टर ने टोका।

'क्या?' वह बोली।

'ज़्यादा अधिक खुश!'

'मैं समझी नहीं।'

'तुमने कहा ज़्यादा अधिक खुश, बस।'

'अच्छा? ग़लती हो गयी मुझसे। मुझसे ज़्यादा खुश कोई नहीं होगा जिस दिन मैं जहाज़ पर खड़ी होऊँगी। कभी-कभी मैं ऐसी जगहों की कामना करती हूँ जिन्हें मैं जानती तक नहीं।'

वह बहुत दूर जाना चाहती थी। वह मेरे बारे में नहीं सोच रही थी। मैं खड़ा था वहाँ और उसके चेहरे पे देख रहा था कि वह मुझे भूल चुकी है। ख़ैर कहने को और कुछ भी नहीं था। लेकिन मैंने खुद वहाँ खड़े होकर उसके चेहरे पर यह भाव पढ़ा था। धीरे-धीरे गुज़र रहीं वे घड़ियाँ बड़ी तकलीफ़देह मालूम पड़ रही थीं, मैंने और कई लोगों से पूछा कि अब वापस नहीं चलना चाहिए क्या; देर हो गयी है, मैंने कहा, और ईसप झोंपड़ी में बँधा हुआ है। लेकिन कोई घर नहीं जाना चाहता था।

मैं तीसरी बार डीन की बेटी के पास गया। वही होगी जो मेरी वनैली आँखों के बारे में बात कर रही थी, मैंने सोचा। हम दोनों बैठकर पीते रहे। उसकी आँखें बड़ी बेचैन थीं, कभी टिकती नहीं थीं। वह बार-बार मेरी तरफ़ देखती और फिर दूसरी ओर देखने लगती थी, पूरा समय।

'बताओ मुझे', मैंने बोलना शुरू किया, 'तुम्हें नहीं लगता इन इलाकों में लोग खुद भी गर्मी के इस छोटे से मौसम की तरह हैं? वे ठीक वैसे ही दिल-फ़रेब और पलजीवी हैं?'

मैं ऊँचा बोल रहा था, बहुत ऊँचा, और जानबूझकर। मैं ऊँची आवाज़ में बोलता रहा और मैंने उस युवा लड़की को एक बार फिर अपनी झोंपड़ी में चले आने का न्यौता दिया। 'ईश्वर तुम पर कृपा करेंगे।' मैंने अपनी व्यथा में कहा, और मैं अभी से सोचने लगा कि अगर वह आयी तो उसे तोहफ़े में क्या

दूँगा। बारूद वाला सींग ही तो है मेरे पास, मैंने सोचा।

और उसने वादा किया कि वह आयेगी।

एद्वार्दा मुँह फेरे बैठी रही और जितना बोलना चाहता था मैं, वह बोलने दे रही थी मुझे। वह दूसरों की बातें भी सुन रही थी और बीच-बीच में दो एक शब्द जोड़ भी देती थी। डॉक्टर लोगों की किस्मत पढ़ रहा था, युवतियों के हाथ देखकर बता रहा था, और अपनी ज़बान बेलगाम चलने दे रहा था। उसके अपने हाथ बहुत छोटे और नाजुक थे और उसकी एक उँगली पर अँगूठी थी। मुझे लगा मुझे कोई नहीं चाहता और मैं अकेला एक पत्थर पर जाकर बैठा रहा। दोपहर ढल चुकी थी। मैं अकेला बैठा हूँ पत्थर पर, मैंने खुद से कहा, और वह एकमात्र शख़्स जो मुझे हिला सकता है यहाँ से, मुझे यूँ ही बैठा रहने दे रहा है। ख़ैर मुझे क्या पड़ी है।

नितान्त अकेलेपन ने घेर लिया था मुझे। मुझे अपने पीछे उनकी आवाज़ें सुनायी दे रही थीं, और मैंने एद्वार्दा को हँसते हुए सुना। इस पर मैं अचानक उठा और उन लोगों के पास चला गया। मेरी बदहवासी की सीमा नहीं थी।

'एक क्षण रुकिए', मैंने कहा। 'वहाँ बैठे-बैठे मुझे ख़्याल आया कि आप शायद मेरी मक्षिका-पुस्तक देखना चाहें।' और मैंने अपनी मक्षिका-पुस्तक निकाल ली। 'क्षमा करें मुझे पहले ध्यान नहीं आया। आप इसे पलट कर देखने की मेहरबानी करेंगे? मुझे बहुत खुशी होगी। आप पूरा देखें इसे, आपको लाल और पीली दोनों तरह की मक्खियाँ इसमें मिलेंगी।' और मैंने बात करते-करते अपनी टोपी हाथ में पकड़ ली। मुझे लगा कि टोपी उतारकर मैंने ग़लती की है, सो मैंने फ़ौरन उसे फिर से पहन लिया।

एक क्षण गहरी चुप्पी छायी रही और किसी ने किताब मुझसे नहीं ली। अन्त में डॉक्टर ने अपना हाथ बढ़ाकर शिष्टतापूर्वक कहा, 'बहुत-बहुत धन्यवाद। भला हम भी तो देखें इन चीज़ों को। मेरे लिए यह हमेशा रहस्य का विषय रहा है कि इन्हें कैसे रखा जाता है इस पुस्तक में।'

'मैं खुद बनाता हूँ इन्हें,' मैंने कृतज्ञतापूर्वक कहा और तुरन्त समझाने लगा कि ऐसी पुस्तक कैसे तैयार करते हैं। बिलकुल मामूली सी बात थी। मैं पंख और हुक ख़रीद लेता था। बहुत अच्छी तो नहीं बनी थीं मक्खियाँ लेकिन फिर भी मुझे खुद ही तो इस्तेमाल करना था उन्हें। दुकानों में बनी बनायी मक्खियाँ मिल जाती हैं, और वे वाक़ई बहुत खूबसूरत होती हैं।

एद्वार्दा ने मुझे और मेरी पुस्तक को लापरवाही से एक नज़र देखा, और फिर अपने दोस्तों से बातें करती रही।

'आह, यह रही बनाने की सामग्री,' डॉक्टर बोला। 'देखो कितने ख़ूबसूरत हैं ये पंख।'

एद्वार्दा ने ऊपर देखा।

'हरे वाले बहुत सुन्दर हैं,' वह बोली। 'मुझे देखने दो, डॉक्टर।'

'रख लो इन्हें' मैं बोला। 'हाँ-हाँ रख लो। यह इनायत तो मुझ पर आज के दिन कर ही दो तुम। दो हरे पंख! रख लो इन्हें यादगार की तरह।'

उसने उन पंखों को देखा और बोली, 'धूप में हिलाकर देखो तो कभी हरे दिखते हैं कभी सुनहरे। शुक्रिया अगर तुम सचमुच चाहते हो कि मैं रख लूँ इन्हें।'

'हाँ, मैं चाहता हूँ तुम रख लो इन्हें,' मैंने कहा। उसने पंख ले लिये।

इसके बाद तुरन्त डॉक्टर ने मेरी पुस्तक मुझे वापस कर दी और मेरा शुक्रिया अदा किया। फिर वह उठ खड़ा हुआ और पूछने लगा कि हम लोगों को लौटने की नहीं सोचनी चाहिए?

मैंने कहा, 'हाँ, ईश्वर के लिए, हाँ। मेरा कुत्ता घर पर बँधा है। आप जानते हैं, मेरे पास एक कुत्ता है, मेरा दोस्त है वह; वह वहाँ पड़ा है मेरे बारे में सोचते हुए, और जब मैं घर पहुँचता हूँ वह खड़ा होकर अपने पंजे खिड़की से टिका लेता है मेरे स्वागत में। बहुत अच्छा दिन था यह, अब ख़त्म होने को आया है; चलें, हम अपनी कश्तियों में लौट चलें। आप सबका धन्यवाद।'

मैं तट पर खड़ा-खड़ा यह देखता रहा कि एद्वार्दा किस कश्ती में बैठेगी और मैंने फ़ैसला किया कि मैं दूसरी नाव से जाऊँगा। उसने तुरन्त आवाज़ दी मुझे। मैंने चकित होकर उसे देखा, उसका चेहरा सुर्ख़ हो आया; फिर वह मेरे पास आयी, उसने अपना हाथ आगे बढ़ाया और बहुत कोमलता से बोली, 'पंखों के लिए तुम्हारा शुक्रिया...हम एक ही कश्ती से जाएँगे, नहीं?'

'अगर तुम चाहो तो,' मैंने जवाब दिया।

हम कश्ती में सवार हो गये, वह मेरे साथ उसी तख़्ते पर बैठ गयी और उसका घुटना मुझे छूने लगा। मैंने उसकी ओर देखा और उसने क्षण भर पलट कर मेरी ओर। उसके घुटने के स्पर्श से मैं बेहतर महसूस करने लगा। उस कड़वे दिन के लिए जैसे हर्जाना भर दिया गया था और मैं अपनी ख़ुशमिजाज़ी दोबारा हासिल करने ही वाला था, कि वह अचानक मुड़ी, अपनी जगह से घूमती हुई,

हुई, और मेरी ओर पीठ किये डॉक्टर से बातें करने लगी जो पतवार का डण्डा थामें बैठा था। अगले पन्द्रह मिनट के लिए जैसे मैं था ही नहीं। फिर मैं कुछ ऐसा कर गुज़रा जिसका मुझे पछतावा है और जो मैं अभी तक भूला नहीं हूँ। उसके पाँव से उसका जूता निकल गया था; मैंने उसे उठाया और पानी में बहुत दूर घुमाकर फेंक दिया उसे। उसके पास होने की खुशी में या अपनी सत्ता का अहसास दिलाने के लिए, मुझे मालूम नहीं। यह सब इतनी जल्दी हुआ; मैंने कुछ नहीं सोचा था, बस एक झोंक में मैं यह कर गुज़रा था। औरतों के मुँह से एक चीख़ निकली। मुझे अपने किये पर जैसे लकवा मार गया। लेकिन क्या फ़ायदा था? अब तो हो चुका था यह! डॉक्टर ने मेरी मदद की; वह चिल्लाया : 'खेते रहो।' और उसने कश्ती का रुख जूते की ओर मोड़ दिया; और अगले ही क्षण नाविक ने जूता उठा लिया, जो पानी से भर कर बस डूबने ही वाला था। उस आदमी की बाँह कन्धे तक भीग गयी थी। दोनों कश्तियों से 'अरे वाह!' का समूहगान उठा, क्योंकि जूता बचा लिया गया था।

मैं बहुत शर्मिन्दा था और मुझे अपने चेहरे का रंग बदलना और फड़फड़ाना महसूस हो रहा था, जब मैं अपने रुमाल से जूते को सुखा रहा था। एद्वार्दा ने बिना कुछ कहे मुझसे जूता ले लिया। कुछ समय के बाद ही वह बोली, 'मैंने कभी ऐसा होते हुए नहीं देखा।'

'नहीं, मुझे नहीं लगता तुमने देखा होगा ऐसा कुछ!' मैं बोला। मैं मुस्कराते हुए सीधा हो गया; और दिखावा करने लगा कि मेरी शरारत की कोई ख़ास वजह थी, जैसे कुछ था इस सबके पीछे। लेकिन क्या हो सकता था? डॉक्टर ने पहली बार मुझे हिक़ारत की नज़र से देखा।

कुछ और समय बीत गया; कश्तियाँ घर की ओर डोलने लगीं; अटपटेपन की भावना जाती रही थी, हम गाने लगे थे, हम लोग किनारे पहुँच रहे थे। एद्वार्दा कहने लगी; 'आपको पता है हम लोगों ने वाइन ख़त्म नहीं की है, अभी बहुत बची है। हमें ज़रूर एक और पार्टी करनी चाहिए, नयी पार्टी कभी बाद में। हम सब लोग डांस करेंगे, घर के बड़े कमरे में नाचेंगे हम सब।'

किनारे पर आकर मैंने एद्वार्दा से माफ़ी माँगी। 'मैं अपनी झोंपड़ी में वापस पहुँचना चाहता हूँ,' मैंने कहा। 'यह दिन बहुत तक़लीफ़देह था।'

'तुम्हारे लिए तकलीफ़देह रहा है यह दिन लेफ़्टिनेंट?'

'मेरा मतलब है,' मैंने कन्नी काटते हुए कहा, 'मेरा मतलब है मैंने खुद के

लिए और दूसरों के लिए कितना दुखद कर दिया था सब कुछ। मैंने तुम्हारा जूता पानी में जो फेंक दिया था।'

'हाँ, बड़ी असाधारण घटना थी वह।'

'माफ़ कर दो मुझे' मैंने कहा।

16

और कितने बिगड़ सकते थे हालात? मैंने तहय्या किया कि मैं हर हाल में खुद को शान्त रखूँगा चाहे कुछ भी क्यों न हो जाए, ईश्वर साक्षी है मेरा। क्या पहले मैंने खुद को उस पर आरोपित किया था? नहीं, ऐसा क़तई नहीं था। मैं एक भले दिन उसके रास्ते से गुज़रा भर था। क्या गर्मियाँ होती हैं यहाँ उत्तर में! पाँखियाँ इधर-उधर उड़ना अभी से बन्द कर चुकी थीं; और लोग और से और अबूझ होते जा रहे थे, हालाँकि दिन-रात उन पर सूरज चमकता था। उनकी नीली आँखें क्या खोज रही थीं? और वे अपने विचित्र से मस्तक के पीछे क्या सोच रहे थे? ऐसा नहीं है कि मुझे उनकी कोई ख़ास परवाह थी। मैं अपनी छड़ उठाये मछलियाँ पकड़ने निकल जाया करता था—दो दिन, चार दिन; लेकिन रात के समय मैं आँखें फाड़े झोंपड़ी में लेटा रहता...।

'एद्‌वार्दा, मैंने चार दिन से तुम्हें नहीं देखा।'

'चार दिन, हाँ, सही है। लेकिन मैं इतनी व्यस्त रही हूँ, आकर देख लो।'

वह मुझे बड़े कमरे में ले गये। मेज़ बाहर निकाल दिये गये थे, कुर्सियाँ दीवारों से सटा दी गयी थीं, हर चीज़ सरका दी गयी थी; दीपवृक्ष, चूल्हे और दीवारों को झाड़ियों के अद्‌भुत नन्हे फूलों और काले कपड़े से शानदार सजाया गया था। पिआनो एक कोने में था।

'बॉल' की तैयारियाँ थीं ये उसकी।

'कैसा लगा तुम्हें?' उसने पूछा।

'ग़ज़ब,' मैंने कहा।

हम कमरे से बाहर आ गये। मैंने पूछा, 'मुझे बताओ, एद्‌वार्दा, क्या तुम मुझे बिल्कुल भूल गयी हो?'

'मैं समझी नहीं,' वह आश्चर्य से बोली। 'तुमने देखा नहीं मैं क्या-क्या करती रही हूँ? क्या मैं आ भी सकती थी तुमसे मिलने?'

'नहीं,' मैंने स्वीकारा, 'शायद नहीं आ सकती थीं।' मैं अनिद्रा के कारण थका और सुस्त था; मेरी बातें ख़ाली और अण्ड-बण्ड होती चली जा रही थीं; मैं पूरा दिन व्यथित रहा था। 'नहीं, निश्चित ही तुम नहीं आ सकती थीं। मैं जो कहने जा रहा था...एक शब्द में, कुछ बदल गया है, कुछ गड़बड़ हुई है। हाँ, लेकिन मैं तुम्हारे चेहरे से भाँप नहीं सकता कि क्या है। कितना अजीब माथा है तुम्हारा, एद्वार्दा। अब मैं देख सकता हूँ।'

'लेकिन मैं तुम्हें भूली नहीं हूँ,' वह ज़ोर से बोली, सुर्ख़ पड़ती हुई, और अचानक उसने अपनी बाँह मेरी बाँह में डाल दी।

'ख़ैर, हो सकता है तुम मुझे भूली नहीं हो। लेकिन तब तो मुझे बिलकुल नहीं पता मैं क्या कह रहा हूँ। ऐसा है या वैसा है।'

'कल तुम्हें निमन्त्रण मिल जाएगा। तुम मेरे साथ नाचोगे न? कैसा बढ़िया नाचेंगे हम।'

'मेरे साथ कुछ दूर चलोगी?'

'अभी? नहीं, यह तो मैं नहीं कर सकती,' उसने जवाब दिया। 'डॉक्टर आता ही होगा, वह कुछ चीज़ों में मेरी मदद करेगा; अभी बहुत काम है। तो तुम्हें लगता है कमरा ऐसे ठीक लगेगा? लेकिन क्या तुम्हें...।'

बाहर कोई बग्घी आयी है।

'क्या डॉक्टर आज बग्घी से आ रहा है?' मैं पूछता हूँ।

'हाँ, मैंने किसी से घोड़ा भिजवाया था। मैं चाहती थी...'

'उसकी टाँग के कारण, बेशक। ख़ैर, मुझे अब चलना चाहिए। प्रणाम डॉक्टर! तुमसे फिर मिलकर अच्छा लगा। ठीक हो तुम? माफ़ करना मुझे ज़रा जल्दी है।'

बाहर सीढ़ियाँ उतरकर मैं पलटकर देखता हूँ। एद्वार्दा खिड़की में खड़ी मुझे देख रही थी, दोनों हाथों से पर्दा हटाये; वह सोच में डूबी थी। एक अजीब खुशी मेरी रगों में दौड़ जाती है, मैं घर से तेज़ी से निकलता हूँ, हल्के कदमों से, और मेरी आँखें धुँधली हैं। बन्दूक किसी छड़ी की तरह हल्की है। अगर वह मुझे मिल जाये, तो मैं एक नेक आदमी बन जाऊँगा, मैंने सोचा, जंगल में पहुँचकर मैंने फिर सोचा : अगर वह मुझे मिल जाये, मैं अथक सेवा करूँगा उसकी, जैसे और कोई न कर सके, और अगर उस पर मुझसे नामुमकिन उम्मीदें लगाने की सनक सवार हो जाये, तो भी मैं यथा-शक्ति उसके लिए सब करूँगा और खुशी

मनाऊँगा कि वह मेरी है...मैं रुका और घुटनों के बल गिरकर मैंने पगडण्डी के किनारे उगे घास के तिनकों को विनम्रता और उम्मीद से चूम लिया; फिर मैं उठ खड़ा हुआ।

आख़िर मैं क़रीब-क़रीब आश्वस्त था। उसके व्यवहार में बदलाव उसका अपना ढंग था; वह मुझे जाते हुए देख रही थी। खिड़की में खड़े-खड़े वह मुझे तब तक देखती रही थी जब तक कि मैं उसकी नज़रों से ओझल नहीं हो गया था। वह इससे ज़्यादा कर क्या सकती थी? मैं खुशी से बौखला उठा था; मुझे भूख लगी थी और अब महसूस तक नहीं हो रही थी मुझे।

ईसप आगे भागा जा रहा था और क्षण भर के बाद भौंकने लगा था। मैंने ऊपर देखा; सफ़ेद स्कार्फ़ पहने एक औरत मेरी झोंपड़ी के किनारे खड़ी थी। वह ईवा थी, लोहार की बेटी।

'हलो ईवा।' मैंने आवाज़ दी।

वह सुरमई शिलाखण्ड के सामने खड़ी थी, उसका पूरा चेहरा सुर्ख़ हो रहा था और वह अपनी एक उँगली चूस रही थी।

'तुम हो ईवा? क्या बात है?' मैंने पूछा।

'ईसप ने मुझे काट खाया है,' उसने जवाब दिया, और उसने अपनी आँखें शर्म से झुका लीं।

मैंने उसकी उँगली को देखा। उसने खुद अपनी उँगली को काट लिया था। मेरे मन में शंका पैदा हुई और मैंने पूछा, 'तुम काफ़ी देर से खड़ी हो यहाँ?'

'नहीं ज़्यादा देर से नहीं।'

हम दोनों ख़ामोश हो गये; मैंने उसका हाथ थामा और उसे झोंपड़ी में लिवा लाया।

17

हमेशा की तरह मछली पकड़कर जब मैं लौट आया तो मैं अपनी बन्दूक और झोले समेत 'बॉल' के लिए उपस्थित हो गया—मैंने सिर्फ़ इतना किया था कि अपना बेहतरीन चमड़े का सूट पहने था। सिरिलुंड पहुँचते-पहुँचते मुझे देर हो गयी थी; मैंने उन्हें भीतर नाचते हुए सुना। फिर कोई चिल्लाया : 'लो शिकारी

आ पहुँचा है, लेफ़्टिनेंट!' कुछ युवा लोगों ने मुझे घेर लिया; वे मेरी पकड़ी मछलियाँ देखना चाहते थे; मैं कुछ समुद्री पक्षी और कुछेक स्नेहमीनिकाएँ भी पकड़कर लाया था। एद्वार्दा ने मुस्कराकर मेरा स्वागत किया; वह नाचती रही थी और उसका चेहरा सुर्ख़ था।

'पहला नाच मेरे साथ,' वह बोली।

और हमने एक साथ नृत्य किया। कुछ अनहोनी नहीं घटी; मेरा सिर चकरा रहा था, लेकिन मैं गिरा नहीं। मेरे भारी जूते कुछ ज़्यदा ही शोर कर रहे थे; मुझे खुद सुन रहा था उनका शोर और मैंने और न नाचने का फ़ैसला किया; मुझसे फ़र्श का पेंट भी खुरचा गया था। लेकिन मैं कितना खुश था कि इससे कुछ बदतर नहीं कर गुज़रा था मैं!

श्रीमान माक के दो सहायक भी वहाँ थे ज़ो बड़े एहतियात और गम्भीरता से नाच रहे थे। डॉक्टर संयोजित नृत्यों में बड़े उत्साह से शामिल हो रहा था। इन सज्जनों के अलावा चार बाँके नौजवान और भी थे, गिरजे के कुछ ख़ास पदाधिकारियों के, डीन के और ज़िला-सर्जन के बेटे। एक व्यावसायिक पर्यटक भी था; अपनी सुरीली आवाज़ से अपनी ख़ास पहचान बना ली थी उसने और वह संगीत के साथ-साथ गुनगुना रहा था; बीच-बीच में वह पिआनो बजाती महिलाओं की जगह भी ले लेता था, उन्हें राहत देने की गर्ज़ से।

यह तो मुझे याद नहीं कि हमारे पहले दो एक घण्टे कैसे बीते; लेकिन उस रात बाद में जो कुछ भी हुआ मुझे सब याद है। सूरज खिड़कियों से लाल चमक रहा था पूरा समय, और समुद्री-पक्षी सो चुके थे। हम केक और अंगूरी शराब का सेवन कर रहे थे, ऊँची आवाज़ में बोल और गा रहे थे; एद्वार्दा की खिलखिलाहट एकदम चुस्त और बेख़बर गूँज रही थी कमरे के आरपार। लेकिन क्या अब मेरे लिए एक भी शब्द नहीं था उसके पास? मैं वहाँ गया जहाँ वह बैठी थी, इस इरादे से कि मैं कुछ शिष्ट सी बात से उसका ध्यान आकर्षित करूँ; वह एक काली पोशाक पहने थी, शायद दृढ़ीकरण-संस्कार की, और जो अब छोटी पड़ चुकी थी, लेकिन नृत्य करते समय उस पर ख़ूब फ़ब रही थी, और मैं उसे यह बताना चाहता था।

'यह काली पोशाक...' मैंने शुरू किया।

लेकिन वह उठ खड़ी हुई और अपनी एक मित्र की बाँह थामे वहाँ से चली गयी। ऐसा दो तीन-बार हुआ। ठीक है, मैंने सोचा, क्या किया जा सकता है!

लेकिन फिर वह खिड़की से इतनी उदास मुझे जाते हुए क्यों देखा करती है? ख़ैर, यह उसका अपना मामला है।

एक महिला ने मुझे अपने साथ नाचने को कहा। एद्वार्दा पास ही बैठी थी, और मैंने ऊँची आवाज़ में कहा, 'नहीं, अब मैं जा रहा हूँ।'

एद्वार्दा ने मेरी तरफ़ सवालिया निगाह से देखा, और बोली, 'जा रहे हो? नहीं, तुम नहीं जा रहे।'

मैं चौंक गया, और मैंने महसूस किया कि मेरे दाँत मेरे ओठों को पीस रहे थे। मैं उठ खड़ा हुआ।

'तो इसका कुछ अर्थ ज़रूर है जो तुम कह रही हो, मिस एद्वार्दा,' मैंने अन्धकारमयी आवाज़ में कहा, और मैं दरवाज़े की तरफ़ एक-दो कदम चला।

डॉक्टर बीच में आ गया, और एद्वार्दा भी तेज़ी से आयी।

'मुझे गलत नहीं समझो,' वह प्यार से बोली। 'मेरा मतलब था कि मुझे उम्मीद थी तुम बिलकुल आख़िर में जाओगे, बिलकुल आख़िर में। और फिर अभी तो एक ही बजा है...और सुनो,' वह चमकती आँखों से बोलती रही, 'तुमने हमारे नाविक को पाँच दॉलेर दिए थे न मेरे जूते को डूबने से बचाने के लिए। बहुत बड़ी कीमत थी यह।' और वह ज़ोर से हँसी और बाकी लोगों की ओर देखने लगी।

मैं मुँह बाये, बौखलाया और निरुपाय खड़ा रहा।

'तुम्हें मज़ाक़ करना अच्छा लगता है,' मैंने कहा।

'मैंने किसी नाविक को पाँच दॉलेर नहीं दिये।'

'ओहो, नहीं दिये क्या तुमने?' उसने रसोई का दरवाज़ा खोला और नाविक को अन्दर बुला लिया। 'जेकब, तुम्हें याद है जब हम लोग कूर टापुओं पर गये थे, और जब तुमने पानी में गिरे मेरे जूते को बचाया था?'

'हाँ,' जेकब ने जवाब दिया।

'और तुम्हें पाँच दॉलेर का इनाम मिला था?'

'हाँ, आपने दिये थे मुझे...'

'ठीक है! तुम जा सकते हो।'

वह ऐसी शरारत क्यों कर रही है? मैंने सोचा। क्या वह मुझे शर्मिन्दा करना चाहती है? वह ऐसा नहीं कर पायेगी; मैं क्यों इस बात से शर्मिन्दा होने लगा। और मैंने ऊँची और स्पष्ट आवाज़ में घोषणा की : 'मैं सबको बता दूँ

कि या तो किसी को ग़लती लगी है या फिर झूठ है यह सब। मुझे एक बार भी नहीं सूझा कि मुझे नाविक को तुम्हारे जूते के लिए पाँच डॉलेर देने चाहिए थे। शायद मुझे ऐसा करना चाहिए था, लेकिन मैंने अभी तक ऐसा किया नहीं है।'

'तो हमें नाच जारी रखना चाहिए,' वह माथे पर बल डालकर बोली। 'हम लोग नाच क्यों नहीं रहे?'

कुछ तो सफ़ाई देनी होगी उसे, मैंने अपने आप से कहा, और मैं उससे बात करने का मौक़ा तलाशने लगा। वह किसी बैठक में गयी और मैं उसके पीछे।

'चीयर्ज़!' मैं बोला, और अपना गिलास ऊपर उठाया।

'मेरे गिलास में तो कुछ नहीं है,' वह सख़्ती से बोली।

हालाँकि उसका गिलास उसके सामने रखा था, लबालब भरा हुआ।

'मैंने सोचा यह तुम्हारा गिलास है।'

'नहीं, मेरा नहीं है,' उसने जवाब दिया, और जैसे किसी सोच में डूबी हुई, वह अपने साथ बैठे शख़्स की तरफ़ देखने लगी।

'तब तो माफ़ करना मुझे।'

उसके बहुत से मेहमानों ने इस छोटे से दृश्य को देखा।

मेरा दिल भीतर-भीतर हिसहिसा रहा था। मैंने गुस्से से कहा, 'लेकिन कम से कम मुझे कुछ तो बताना पड़ेगा तुम्हें...'।

वह उठी, मेरे दोनों हाथ पकड़कर, आग्रहपूर्वक बोली, 'लेकिन आज नहीं, अभी नहीं। मैं बहुत दुखी हूँ। हे ईश्वर, तुम ऐसे क्यों देख रहे हो मुझे। हम कभी दोस्त हुआ करते थे...'

मैं अभिभूत था, और तेज़ी से पलटकर नाच में शरीक़ हो गया।

जल्दी ही एद्वार्दा भी भीतर आ गयी; वह पिआनो के पास जाकर खड़ी हो गयी जहाँ व्यावसायिक पर्यटक बैठा नृत्य का संगीत बजा रहा था; एद्वार्दा का चेहरा किसी अजाने अवसाद से भरा था।

'मैंने कभी पिआनो बजाना नहीं सीखा,' वह कहती है, मेरी ओर अँधेरी आँखों से देखती हुई। 'काश मैं बजा सकती।'

मैं क्या जवाब देता। लेकिन मेरा दिल उसे लेकर एक बार फिर पिघल गया, 'तुम अचानक इतनी उदास क्यों हो गयी हो, एद्वार्दा? काश तुम्हें पता होता मुझे कितना दुख पहुँचता है इससे।'

'मुझे नहीं पता क्यों,' वह बोली।

'शायद सभी चीज़ों से। काश सब लोग यहाँ से फ़ौरन चले जाते, सभी। तुम्हें छोड़कर—याद है न तुम्हें कि तुम सबसे आख़िर में जाओगे?'

और मैं इन शब्दों से एक बार फिर खिल उठा और मेरी आँखों को फिर सूर्य-भरे कक्ष में रोशनी दिखायी दी। डीन की बेटी मेरे पास आकर मुझसे बात करने लगी; मैं चाहता था वह बहुत दूर रहे मुझसे और मैं उसे हूँ-हाँ में जवाब देता रहा। मैं जानबूझकर उसकी ओर नहीं देख रहा था क्योंकि उसी ने मेरी पशु-आँखों के बारे में बात की थी। वह एद्‌वार्दा की ओर मुड़ी, और उसे बताने लगी कि कैसे एक बार विदेश में एक आदमी सड़क पर उसका पीछा कर रहा था। मेरे ख़्याल से रीगा में शायद।

'वह हर गली में मुस्कराते हुए मेरा पीछा कर रहा था,' वह बता रही थी।

'तो क्या वह अन्धा था?' मैं बोल पड़ा, यह सोचकर कि एद्‌वार्दा को अच्छा लगेगा। और यह कहते हुए मैंने अपने कन्धे भी उचकाये।

वह युवा लड़की एकदम मेरी बदतमीज़ी समझ गयी और कहने लगी, 'निश्चित ही, तभी तो वह मुझ जैसी कुरूप बुढ़िया का पीछा कर रहा था।'

लेकिन एद्‌वार्दा से मुझे कोई कृतज्ञता नहीं मिली; वह अपनी मित्र को वहाँ से ले गयी, दोनों सिर हिला-हिलाकर कुछ खुसफुसाने लगीं। इसके बाद, मुझे बिलकुल अकेला छोड़ दिया गया।

एक घण्टा और बीत जाता है; समुद्री-चट्टानों पर जलपक्षी नींद से जग जाते हैं, और उनकी चिल्लाहटें खुली खिड़कियों में से हमें सुनायी देने लगती हैं। सुबह की इन आवाज़ों से मेरे भीतर ख़ुशी की एक लहर दौड़ जाती है और द्वीपों पर जाने की इच्छा होने लगती है मुझे...

डॉक्टर एक बार फिर ज़िन्दादिल हो उठता है, सबका ध्यान अपनी ओर खींचते हुए। महिलाएँ उसकी सोहबत से थकती ही नहीं। क्या वही मेरा रक़ीब है? मैंने सोचा, और मैंने उसकी लँगड़ी टाँग और उसकी दयनीय देह के बारे में भी सोचा। उसने एक और नया मुहावरा अपना लिया था, वह कह रहा था 'मृत्यु और यातना,' और वह जितनी बार इस हास्यास्पद मुहावरे को बोलता, मैं ज़ोर से हँसने लगता। अपनी व्यथा में मैं महसूस कर रहा था कि मैं उसे हर मौके का फ़ायदा उठाने दूँ क्योंकि वह मेरा ऱकीब था। मैं उसे यहाँ डॉक्टर और वहाँ डॉक्टर होने दे रहा था, और चिल्ला रहा था : 'डॉक्टर की बात सुनिए।' और

मैं ज़बरदस्ती ख़ुद को उसकी बातों पर हँसा रहा था।

'मैं इस दुनिया से प्रेम करता हूँ,' वह बोला। 'मैं जी-जान से ज़िन्दगी से चिपके रहना चाहता हूँ। और जब मरूँगा मैं, मुझे उम्मीद है मुझे अनन्त में लन्दन या पैरिस के ठीक ऊपर टिके रहने के लिए एक छोटा सा टुकड़ा ज़रूर मिल जाएगा, ताकि मुझे मानवता की काँय-काँय का शोरोगुल सुनायी देता रहे, हर समय, हर समय।'

'ग़ज़ब।' मैं चीखता हूँ, और हँसते हँसते मेरा दम घुटने लगता है, हालाँकि मैं इतने नशे में भी नहीं हूँ।

एद्वार्दा भी खुश हो गयी लगती थी।

जब मेहमान जाने लगे मैं छोटी बैठक में जाकर बैठ गया और इन्तज़ार करने लगा। बाहर सीढ़ियों से एक के बाद एक अलविदा के स्वर सुनायी दे रहे थे; डॉक्टर भी इजाज़त लेकर चला गया। जल्दी ही सभी आवाज़ें शान्त हो गयीं। मेरा दिल ज़ोर-ज़ोर से धड़कने लगा।

एद्वार्दा वापस अन्दर आ गयी। जब उसने मुझे देखा, वह पल भर के लिए हैरान हो गयी; फिर मुस्कराते हुए बोली, 'ओह, तो तुम हो यहाँ! बड़ी मेहरबानी है तुम्हारी कि तुम आख़िर तक रुके रहे। अब तो मैं थककर चूर हो गयी हूँ।'

वह खड़ी रही।

मैंने उठते हुए कहा, 'अब तुम आराम करना चाहोगी। मुझे उम्मीद है तुम अब उदास नहीं हो, एद्वार्दा। अभी-अभी तुम इतनी उदास थीं, और इस बात से मैं बहुत आहत महसूस कर रहा था।'

'कुछ सो लूँगी तो ठीक हो जाऊँगी।'

मेरे पास और कुछ भी नहीं था कहने को; मैं चल कर दरवाज़े तक पहुँचा।

'आज रात के लिए शुक्रिया,' अपना हाथ मुझे देते हुए उसने कहा। और जब उसने मुझे बाहर तक छोड़ना चाहा, मैंने कोशिश की उसे मना करने की।

'इसकी कोई ज़रूरत नहीं है,' मैंने कहा। 'तुम कष्ट न करो, मुझे मिल जाएगा जाने का रास्ता...'

लेकिन वह फिर भी आयी, वह ड्योढ़ी में इत्मीनान से खड़ी रही जब तक मैंने अपनी टोपी, अपनी बन्दूक और अपना झोला नहीं ढूँढ़ लिया। कोने में एक छड़ी रखी थी; मैंने अच्छे से देखा था उसे, मैंने उसे घूरा और पहचान लिया, वह

डॉक्टर की छड़ी थी। जब उसे समझ में आया मैं कहाँ देख रहा हूँ वह झेंप से लाल हो गयी, उसके चेहरे से लगता था वह अनभिज्ञ थी और छड़ी के बारे में कुछ मालूम नहीं था उसे। एक पूरा मिनट बीत जाता है। फिर एक तीख़ी बेसब्री उसे धर दबोचती है और वह काँपते हुए कहती है : 'तुम्हारी छड़ी—अपनी छड़ी ले जाना नहीं भूलना।'

और मेरी ही आँखों के सामने वह मुझे डॉक्टर की छड़ी थमा देती है।

मैंने उसकी ओर देखा; वह अभी तक छड़ी मेरी ओर बढ़ाये खड़ी थी। बात को सिरे लगाने के लिए, मैंने छड़ी लेकर वापस कोने में टिका दी। मैंने कहा, 'यह तो डॉक्टर की छड़ी है। मुझे समझ नहीं आया एक लँगड़ा आदमी अपनी छड़ी कैसे भूल सकता है।'

'तुम और तुम्हारा लँगड़ा आदमी।' वह कड़ुवाहट से बोली, और मेरी ओर एक कदम चल कर आयी। 'तुम लँगड़े नहीं हो, बिलकुल नहीं; लेकिन अगर तुम होते भी तो भी तुम उसका मुक़ाबला नहीं कर सकते थे; नहीं, क़तई नहीं, तुम कभी उसका मुक़ाबला नहीं कर सकते थे। और अब!'

मैंने कुछ जवाब ढूँढ़ना चाहा, लेकिन मेरा मन एकदम ख़ाली था; मैं चुप था। मैंने काफ़ी नीचे तक झुक कर विदा ली, और दरवाज़े से निकलकर सीढ़ियों तक आ गया। मैं एक क्षण वहाँ रुका, सामने घूरते हुए, फिर चला गया।

तो, वह छड़ी भूल गया है, मैंने सोचा, और वापस लेने आएगा। वह नहीं चाहता था कि एद्‌वार्दा के घर से विदा होने वाला आख़िरी शख़्स मैं होता...। मैं धीरे-धीरे चलता रहा, आसपास देखता हुआ, और जंगल के छोर पर आकर रुक गया। आख़िरकार, आधा घण्टा इन्तजार करने के बाद, डॉक्टर मेरी दिशा में आता हुआ दिखायी दिया; उसने मुझे देख लिया था और तेज़ी से चल रहा था। इससे पहले कि वह कुछ कहता, मैंने अपनी टोपी उठाकर उसका अभिवादन किया; मैं उसे परखना चाहता था। उसने भी अपना टोप उठाया। मैं सीधा उसके पास गया और बोला, 'मैंने तो अभिवादन नहीं किया था।'

वह एक कदम पीछे हटा और मुझे घूरने लगा।

'तुमने अभिवादन नहीं किया था?'

'नहीं,' मैंने कहा।

ख़ामोशी।

'मुझे क्या फ़र्क पड़ता है तुमने क्या किया था,' वह ज़र्द पड़ते हुए बोला।

'मैं तो अपनी छड़ी लेने जा रहा था, जो मैं भूल आया था।'

मैं क्या कहता इसके जवाब में; मैंने दूसरी तरह से बदला लिया; मैंने अपनी बन्दूक उसके सामने ऐसी तान दी जैसे वह कुत्ता हो, और कहा, 'कूदो।'

और मैंने सीटी मारी और उससे बन्दूक के ऊपर से कूदने को कहा।

एक क्षण वह अपने आप से जूझता रहा; उसके चेहरे पर बेहद अजीबो-गरीब भाव आते-जाते रहे, वह अपने ओठ भींचकर ज़मीन की ओर एकटक देखता रहा। और अचानक उसने तल्ख़ी से मेरी ओर देखा; एक मन्द सी मुस्कान उसके चेहरे के नक़्श में फैल गयी थी, और वह बोला, 'तुम आख़िर क्यों कर रहे हो यह सब?'

मैंने कोई जवाब नहीं दिया, लेकिन उसके शब्दों का असर हुआ मुझ पर।

और तपाक से उसने अपना हाथ मेरी ओर बढ़ाया और बहुत नर्मी से बोला :

'कुछ गड़बड़ है तुम्हारे साथ। अगर तुम मुझे बता सको कि क्या है, तो शायद...।'

शर्म और दुख का मारा, मैं उसके शान्त शब्दों से बिलकुल हिल गया। मैंने तुरन्त उससे सुलह करना चाही, अपनी बाँह उसकी पीठ पर रखते हुए मैं बोला : 'सुनो, मुझे माफ़ कर देना तुम! नहीं, क्या गड़बड़ हुई हो सकती है? कुछ भी नहीं, मुझे तुम्हारी मदद की ज़रूरत नहीं है। तुम शायद एद्वार्दा को ढूँढ़ रहे हो? वह घर मिलेगी तुम्हें। लेकिन जल्दी करो, नहीं तो तुम्हारे पहुँचने से पहले सो चुकी होगी वह; वह बेहद थकी हुई थी, मैंने खुद देखा था। इससे ज़्यादा और क्या बता सकता हूँ मैं तुम्हें; वह वाक़ई घर मिलेगी तुम्हें—जाकर देख लो।'

और मैं पलटकर उसके पास से चला आया, बहुत तेज़ी से जंगल में से गुज़रता हुआ, वापस अपनी झोंपड़ी में।

कुछ देर मैं अपने बिस्तर पर वैसे ही बैठा रहा जैसे भीतर आया था, अपना झोला कन्धे पर और बन्दूक हाथ में लिए। अजीब विचार आकार लेने लगे मेरे मन में। मैंने अपने आपको इस तरह ज़ाहिर क्यों कर दिया था डॉक्टर पर? आँखों में आँसू भरे अपनी बाँह उसके कन्धे पर रख दी मैंने, इस बात पर मुझे ख़ुद पर गुस्सा आ रहा था; वह मज़े लेगा इसके, मैंने सोचा; हो सकता है अभी इसी घड़ी वह इसे लेकर एद्वार्दा की ओर मुस्कराकर देख रहा हो। उसने अपनी छड़ी ड्योढ़ी में छोड़ दी थी। हाँ हाँ, अगर मैं लँगड़ा भी होता मैं उसका

मुक़ाबला नहीं कर सकता था, मैं डॉक्टर का मुक़ाबला हरगिज़ नहीं कर सकता था—ठीक यही उसके शब्द थे...।

मैं फ़र्श के बीचोंबीच जाकर खड़ा हो जाता हूँ, बन्दूक की नली अपने बायें पैर के तलुवे पर रखकर, घोड़ा दबा देता हूँ। गोली बीच पाँव के आरपार होती हुई फ़र्श में गढ़ जाती है। ईसप भयभीत होकर छोटी-सी भौंक लगाता है।

कुछ देर बाद कोई दरवाज़े पर दस्तक देता है।

डॉक्टर आया था।

'माफ़ करना अगर मैं तुम्हें परेशान कर रहा हूँ,' उसने कहना शुरू किया।

'तुम यकायक निकल गये, तो मैंने सोचा तुम्हारे साथ कुछ गप कर लेने में कोई हर्ज नहीं है। बारूद की गन्ध है, नहीं?'

वह नशे में बिलकुल नहीं था।

'तुम एद्वार्दा से मिले? छड़ी मिली तुम्हारी?' मैंने पूछा।

'छड़ी तो मिल गयी मुझे लेकिन एद्वार्दा सो चुकी थी... यह क्या? हे भगवान, ख़ून बह रहा है, मेरे भाई!'

'नहीं, कुछ ख़ास नहीं। मैं अपनी बन्दूक सँभालकर रख रहा था कि चल गयी वह; और कुछ नहीं। लेकिन मुझे क्या पड़ी है कि मैं यहाँ बैठे तुम्हें अपनी ज़िन्दगी का लेखा-जोखा देता फिरूँ?...तो छड़ी मिल गयी तुम्हें अपनी?'

वह लगातार मेरे फटे जूते और ख़ून की धार को घूर रहा था। बहुत फुर्ती से उसने छड़ी नीचे रखी और अपने दस्ताने उतार दिये।

'चुपचाप बैठे रहो—हमें यह जूता उतारना पड़ेगा। मुझे लगा था मैंने गोली की आवाज़ सुनी है।'

18

बाद में उस पागलपन पर कितना पछताया मैं! बिलकुल बेमानी थी वह घटना और कुछ हल भी नहीं निकला उससे; मुझे कई हफ़्ते झोंपड़ी में पड़े रहना पड़ा। मुझे अभी तक याद है कितनी झुँझलाहट और परेशानी उठानी पड़ी थी मुझे; घर का काम निपटाने और सौदा लाने के लिए मेरी धोबिन को रोज़ आना पड़ता था और लगभग रुकना पड़ता था मेरी झोंपड़ी में, और कई हफ़्ते यही हाल रहा। ख़ैर!

एक दिन डॉक्टर ने एद्वार्दा के बारे में बताना शुरू किया। मैंने उसका नाम सुना, सुना कि क्या कहा और किया था उसने, लेकिन मेरे लिए इस बात के कुछ ख़ास मानी नहीं थे अब; ऐसा लगता था जैसे वह किसी दूर की और बिलकुल अप्रासंगिक घटना का ज़िक्र कर रहा है। कितनी जल्दी भूल जाता है इन्सान, मैं हैरान था यह सोचकर।

'तो बोलो, तुम खुद क्या सोचते हो एद्वार्दा के बारे में, तुम मुझसे जो पूछ रहे हो? सच बताऊँ तो मैंने उसके बारे में कई हफ़्तों से कुछ भी नहीं सोचा। लेकिन ज़रा रुको, मैं सोच रहा हूँ तुम्हारे और उसके बीच कुछ था, तुम दोनों अक्सर साथ हुआ करते थे। द्वीपों की यात्रा के दौरान भी तुम मेज़बानी कर रहे थे, और वह भी मेहमानों की आव-भगत में जुटी थी। मुकरो मत, डॉक्टर, कुछ तो था तुम्हारे बीच—जैसे कोई समझ थी तुम दोनों के बीच। न सही, न जवाब दो, भगवान के लिए मत बताओ मुझे। कोई जवाबदारी नहीं है तुम्हारी, यह सब मैं इसलिए नहीं पूछ रहा हूँ कि मैं वाक़ई जानना चाहता हूँ; तुम चाहो तो चलो कोई और बात करते हैं। मैं चलना-फिरना कब शुरू कर सकता हूँ?'

मैं वहाँ बैठे-बैठे सोचने लगा कि मैंने कहा क्या था। मैं मन ही मन डर क्यों रहा था कि डॉक्टर मुझे सब बता देगा? एद्वार्दा से क्या लेना-देना था मुझे? मैं उसे भूल चुका था।

बाद में बात फिर एद्वार्दा पर चल निकली; और फिर मैंने डॉक्टर को बीच में टोक दिया—भगवान जाने मैं क्या सुनने से डर रहा था।

'तुम मुझे टोक क्यों देते हो?' उसने पूछा। 'क्या तुम बर्दाश्त नहीं कर सकते जब मैं उसका नाम लेता हूँ?'

उसने मेरी ओर शक की निगाह से देखा।

'मैं वाक़ई क्या सोचता हूँ?'

'शायद आज तुम मुझे कोई नयी बात बताने वाले हो। शायद तुमने शादी की बात की है उससे और उसे मंजूर है। क्या मैं तुम्हें बधाई दे सकता हूँ? नहीं? लेकिन कौन पट्ठा तुम्हारी बात का यकीन करेगा? हा! हा!'

'तो इस बात का डर था तुम्हें।'

'डर? क्या कह रहे हो डॉक्टर।'

ख़ामोशी।

'नहीं,' उसने कहा, 'मैंने शादी-वादी की कोई बात नहीं की उससे। लेकिन

शायद तुमने की है। एद्वार्दा से ब्याह की बात कौन कर सकता है–जिस पर उसका मन आये, उसी को अपनाती है वह। तुम क्या समझते हो क्या वह सिर्फ़ एक किसान छोकरी है? वह एक ऐसी बालिका है जिसकी कभी जमकर पिटाई नहीं हुई; उस औरत पर क्या-क्या भूत सवार नहीं रहते। ठण्डी है वह? कोई अन्देशा नहीं! गरम? वह बर्फ़ है, मैं कहता हूँ। लेकिन फिर वो है क्या? सोलह-सत्रह बरस की नन्ही-सी लड़की, ऐसा नहीं है क्या? लेकिन कोशिश तो करके देखो उस ज़रा सी छोकरी को मुतासिर करने की और वह तुम्हारी हर कोशिश का मज़ाक उड़ायेगी। उसके बाप तक की एक नहीं चलती उस पर; ऊपर से देखो तो लगेगा वह उसकी हर बात मानती है, लेकिन असल में हर चीज़ उसके कहे में है। वह कहती है तुम्हारी आँखें किसी पशु सी हैं... ।'

'तुम्हें ग़लती लगी है। यह बात किसी और ने कही थी।'

'किसी और ने? किसने?'

'मुझे पता नहीं। उसकी किसी मित्र ने, नहीं, एद्वार्दा ने ऐसा नहीं कहा था। लेकिन ठहरो, हो सकता है एद्वार्दा ने ही कहा हो... ।'

'जब तुम उसकी ओर देखते हो, उस पर यह-यह असर होता है, वह कहा करती है, लेकिन क्या तुम्हें लगता है कि तुम एक रेशा-भर भी उसके ज़्यादा क़रीब आ जाओगे? क़तई नहीं। जी भर के देखो उसकी तरफ़, अपनी निगाह को चैन न लेने दो; लेकिन जैसे ही उसे पता चलेगा तुम उसकी ओर देख रहे हो, वह ख़ुद से कहेगी : देखो! वह आदमी वहाँ खड़ा-खड़ा मुझे देख रहा है और सोच रहा है यह दिन उसका है। और एक नज़र से या एक मनहूस लफ़्ज़ से वह तुम्हें सौ मील दूर कर देगी। तुम्हें लगता है मैं जानता नहीं उसे? क्या उम्र होगी उसकी तुम्हारे हिसाब से?'

'वह अड़तीस में ही तो पैदा हुई थी, क्यों?'

'झूठ। मेरी जानने की इच्छा हुई, और मैंने पता लगाया। वह बीस की है, जबकि आसानी से पन्द्रह की होने का आभास दे सकती है। वह कोई ख़ुश प्राणी नहीं है; उसके छोटे से दिमाग में बहुत तनातनी चलती रहती है। जब वह पहाड़ और समन्दर को खड़ी देखती रहती है, और उसका मुँह इधर से कस जाता है, और उधर से पीड़ा में भिंच जाता है, तब वह उदास होती है; लेकिन इतना ग़ुरूर है उसे इतनी ज़िद है उसमें, कि वह कभी नहीं रोती। दरअसल बेहद रूमानियत है उसमें, और ग़ज़ब की कल्पनाशीलता; वह अपने शहज़ादे की इन्तजार में

रहती है। वह पाँच डॉलेर वाला प्रसंग क्या था जो तुमने नाविक को दिये थे।'

'मज़ाक़ था वह; कुछ नहीं था...।'

'आह, लेकिन कुछ बात तो थी। मेरे साथ भी उसने कुछ ऐसा ही किया था एक बार। साल भर पहले की बात है। हम लोग डाक-नाव पर थे, जब वह बन्दरगाह पर खड़ी थी। ठण्ड थी और पानी गिर रहा था। एक औरत एक छोटे से बच्चे को लिए डेक पर बैठी थी और वे दोनों ठिठुर रहे थे। एद्वार्दा उससे पूछती है : तुम्हें ठण्ड नहीं लग रही? हाँ, लग रही है। और बच्चे को? हाँ, बच्चे को भी। तुम भीतर केबिन में क्यों नहीं चली जातीं। एद्वार्दा सवाल करती है। हमारी टिकट सस्ती है, औरत कहती है। एद्वार्दा मेरी ओर देखती है। इस औरत के पास सस्ती टिकट है, वह कहती है। मुझे क्या करना चाहिए, मैं खुद से पूछता हूँ। लेकिन मैं एद्वार्दा की निगाह का अर्थ समझता हूँ। मैं अमीर आदमी नहीं हूँ, जब मैंने काम करना शुरू किया उस वक्त मेरे पास कुछ भी नहीं था और मैं अपने पैसे को खर्च करने से पहले दो बार ज़रूर देखता हूँ। तो मैं औरत से दूर खिसक जाता हूँ और सोचता हूँ : अगर उसे पैसा देना ही है, तो एद्वार्दा खुद दे न! वह और उसका पिता मुझसे ज़्यादा हैसियत रखते हैं। और ऐसा ही हुआ, एद्वार्दा ने खुद ही पैसा दिया। इस लिहाज़ से वह ग़ज़ब की लड़की है, उसका दिल सही जगह रहता है। पर जितना हक़ीकी मैं हूँ इस समय तुम्हारे सामने बैठा हुआ, उतनी ही यह बात भी कि वह औरत और बच्चे की केबिन टिकट के लिए मुझसे उम्मीद लगाये बैठी थी; उसकी आँखों में मैं साफ़ देख सकता था। और उसके बाद क्या हुआ? वह औरत उठी और उसने एद्वार्दा का शुक्रिया अदा किया। मेरा नहीं, उस सज्जन का शुक्रिया अदा करो, और बड़े इत्मीनान से उसने मेरी ओर इशारा कर दिया। तुम्हारा क्या सोचना है इस घटना के बारे में? वह औरत मेरा भी शुक्रिया अदा करती है, लेकिन मैं क्या कहता, मैं सिर्फ़ होने ही दे सकता था जो हो रहा था। यह एद्वार्दा का एक पहलू है; लेकिन मैं तुम्हें और बहुत कुछ बता सकता हूँ। और जहाँ तक पाँच डॉलेर का सवाल है, उसने नाविक को वह पैसा खुद दिया था। अगर तुमने वह पैसा दिया होता तो वह अपनी बाँहें तुम्हारे गले में डाल देती। तुम वह महान आदमी होते जो एक घिसे हुए जूते के लिए दिल खोल के मूर्खताएँ करने को राज़ी था। यह सब उसकी कल्पना के अनुकूल होता; तुम्हारे लिए वह यही करने की मंशा रखती थी। और क्योंकि तुमने ऐसा

नहीं किया, उसने तुम्हारे नाम पर ख़ुद यह कर दिखाया। यही उसका ढंग है—असंगत भी और ठीक उसी क्षण सुविचारित भी।'

'तब तो कोई उसे जीत नहीं सकता?'

'उसे काबू में रखने की ज़रूरत है,' डॉक्टर ने कन्नी काटते हुए कहा। 'उसे बहुत छूट मिली हुई है; और यह ग़लत है, जो उसके जी में आये, वही कर गुज़रती है वह, और जब चाहे मोर्चा मार ले जाती है। लोग उससे मुतासिर होते हैं, कोई नज़रअन्दाज़ नहीं कर सकता उसे; कोई न कोई उसके आसपास हमेशा रहता है जिस पर वह अपना जादू चला सके। तुमने ध्यान दिया है मैं उसके साथ किस तरह से पेश आता हूँ? स्कूल जाने वाली लड़की समझता हूँ मैं उसे, बिलकुल बच्ची; उस पर हुक्म चलाता हूँ, उसकी ख़ामियाँ निकालता हूँ, ऐसे मौकों की तलाश में रहता हूँ जहाँ उसकी एक न चले। तुम्हें नहीं लगता वह सब समझती है? उफ़ इतनी अकड़ है उसमें, इतना ग़रूर कि वह ऐसे हर मौके पर आहत हो जाती है; लेकिन इतनी घमण्डी है वह कि मजाल है पता लगने दे। लेकिन आपको उसके साथ ऐसा करना पड़ता है। जब तुम उसके जीवन में आये, तब एक साल हो गया होगा मुझे उसे इस तरह सिखाते-सिखाते और इसका असर साफ़ दिखाई देने लगा था; वह पीड़ा और झुँझलाहट से रुआँसी हो उठती थी; और पहले से ज़्यादा समझदार होती जा रही थी। तब तुमने आकर सारा खेल बिगाड़ डाला। यह सिलसिला ऐसे ही चलता रहता है; आप उसे हाथ से निकल जाने देते हैं और कोई दूसरा आकर उसे ले लेता है; तुम्हारे बाद कोई तीसरा शख़्स आ जायेगा, —क्या कह सकते हैं?'

आह, मैंने सोचा, तो डॉक्टर बदला लेना चाहता है किसी बात का! और मैं बोला : 'बताओ, डॉक्टर, तुम यह सब मुझे बताने की ज़ेह्मत क्यों उठा रहे हो? उसे अनुशासित करने के लिए मेरी मदद चाहते हो तुम?'

'और फिर वह ज्वालामुखी की तरह आग उगलने लगती है,' मेरे सवाल की ओर कोई ध्यान न देते हुए वह बोला। 'तुमने पूछा था क्या कोई उसे जीत नहीं सकता? बिलकुल जीत सकता है, क्यों नहीं? वह अपने शहज़ादे की इन्तज़ार में है, जो अभी तक नमूदार नहीं हुआ है; बार-बार वह जान जाती है कि उससे ग़लती हुई है। वह तुम्हें शहज़ादा समझ बैठी थी, ख़ासतौर पर इसलिए क्योंकि तुम्हारी आँखें किसी जंगली जानवर जैसी थीं। हा! हा! लेफ़्टिनेंट, तुम्हें अपनी वर्दी अपने साथ लाना चाहिए थी। इससे ज़रूर कुछ फ़र्क पड़ता। उसे

क्यों नहीं जीत सकता कोई? मैंने कई बार उसे हाथ मलते देखा है कि कोई आये और उसे ले जाए, दूर ले जाए, उसके दिलो-जान पर हुकूमत करे। हाँ! लेकिन वह कहीं बाहर से आया हुआ शख़्स हो जो किसी दिन नमूदार हो जाये बिलकुल अलग ही किसी प्राणी की तरह। मुझे शक है कि श्रीमान माक किसी काम से गये हैं बाहर; उनकी यात्रा का कुछ मतलब तो ज़रूर है, एक बार पहले भी वे गये थे, और जब लौटे थे तो कोई आदमी उनके साथ था।'

'कोई आदमी उनके साथ था?'

'आह, लेकिन वह सही आदमी नहीं था,' डॉक्टर रूखी हँसी हँसते हुए बोला। 'वह मेरी उम्र का आदमी रहा होगा और मेरी ही तरह लँगड़ाता था वह। शहज़ादा नहीं था वह।'

'और कहाँ चला गया वह फिर?' मैंने उसकी तरफ़ एकटक देखते हुए पूछा।

'कहाँ चला गया वह? यहाँ से? मुझे नहीं पता,' उसने बौखलाकर जवाब दिया। 'खैर जाने दो, हमें काफ़ी समय हो गया यह बात करते हुए। तुम क़रीबन एक हफ़्ते में अपने इस पाँव पर चलना शुरू कर दोगे। अलविदा।'

19

मुझे झोंपड़ी के बाहर किसी औरत की आवाज़ सुनायी देती है; मेरा ख़ून मेरे सिर को चढ़ने लगता है; एद्वार्दा की आवाज़ है यह :

'ग्लान! ग्लान बीमार है, मैंने सुना है?'

और मेरी कपड़े धोने वाली दरवाज़े के बाहर उससे कह रही है :

'वह लगभग ठीक हो चुका है।'

वह 'ग्लान! ग्लान!' मेरे जिस्म की हर नस और हड्डी को चीर गया; उसने दो बार मेरा नाम पुकारा, और इससे द्रवित हो उठा मैं; उसकी आवाज़ स्पष्ट और खनकदार थी।

उसने बिना खटखटाये दरवाज़ा खोला, तेज़ी से अन्दर आयी और उसने मेरी ओर देखा। अचानक मुझे लगा जैसे वही पुराने दिन हों; वह अपनी रंगी हुई जैकेट पहने थी, और उसका एप्रन उसके कूल्हों पर काफ़ी नीचे बँधा था जिससे उसके शरीर की लम्बाई रेखांकित हो रही थी। मैंने सभी कुछ एक ही नज़र में देख लिया;

मेरी ओर उसकी निगाह, उसका भूरा चेहरा और उसकी भवों की ऊँची गोलाई, उसके हाथों की अद्‌भुत कोमलता, मैं हर चीज़ से इतना मुतासिर था, कि मैं एकदम बौखला गया। मैंने चूमा है इस लड़की को, मैंने सोचा।

मैं जो उठकर खड़ा हुआ तो खड़ा ही रहा।

'तुम उठ गये हो, तुम खड़े हो,' वह बोली। 'बैठने की मेहरबानी करो, तुम्हारे पाँव में चोट लगी है, तुमने गोली चलायी थी खुद पर। हे भगवान, कैसे हुआ यह सब? मैंने तो अभी-अभी सुना है। मैं पूरा समय सोचती रहीः ग्लान कहाँ है। अब वह कभी आता ही नहीं। मुझे कुछ मालूम ही नहीं था। मैंने सुना है, कई हफ़्ते पहले तुमने अपने पाँव में गोली मार ली थी, और मुझे पता ही नहीं चला। अब तुम कैसे हो? कैसे ज़र्द पड़ गये हो तुम, तुम्हें पहचानने में मुश्किल हो रही है मुझे। और तुम्हारा पाँव? क्या तुम लगड़ाकर चलोगे अब? डॉक्टर का कहना है तुम नहीं लँगड़ाओगे। उफ़, मैं कितनी खुश हूँ तुम्हारी ख़ातिर कि तुम लँगड़ाकर नहीं चलोगे; भगवान का शुक्र है। मुझे उम्मीद है तुम मुझे माफ़ करोगे इस तरह यहाँ चली आने के लिए; मैं चलने की बजाय, भागती हुई यहाँ आयी हूँ... ।'

वह मेरी तरफ़ झुकी, वह मेरे बिलकुल क़रीब थी, उसकी साँस मेरे चेहरे पर महसूस हो रही थी मुझे, मैंने उसकी ओर अपने हाथ बढ़ाये। इस पर वह पीछे हट गयी। उसकी आँखें अभी तक नम थीं।

'ऐसा हुआ था,' मैं हक़लाया। 'मैं अपनी बन्दूक कोने में रखना चाहता था, लेकिन मैं उसे ग़लत थामे हुए था, नीचे की ओर ऐसे; फिर अचानक मुझे गोली की आवाज़ सुनायी दी। महज़ एक दुर्घटना थी यह।'

'दुर्घटना,' उसने कुछ सोचते हुए कहा, और सिर हिलाया। 'देखने दो मुझे, बायाँ पाँव है न यह—लेकिन बायाँ ही क्यों? हाँ, बेशक, महज़ एक दुर्घटना... ।'

'हाँ, दुर्घटना,' मैंने उसे टोका। 'मैं क्या बता सकता हूँ कि बायाँ ही पाँव क्यों? तुम खुद ही देखो, मैं यूँ पकड़े था बन्दूक को, दायें पाँव पर कैसे लग सकती थी? लेकिन हाँ, बहुत सुखद घटना तो नहीं थी यह।'

वह मन ही मन कुछ सोचती हुई मेरी तरफ़ देखने लगी।

'कुछ भी हो, तुम ठीक से अच्छे हो रहे हो,' और झोंपड़ी को देखने लगी। 'तुमने इस औरत को हमारे पास क्यों नहीं भेजा भोजन मँगवाने? तुम क्या खाते रहे हो इतने दिन?'

हम कुछ देर और बात करते रहे। मैंने कहा, 'जब तुम आयी थीं तो तुम्हारे चेहरे पर हमदर्दी थी और तुम्हारी आँखें चमक रही थीं, तुमने अपना हाथ भी मेरे हाथ में दिया था। अब तुम्हारी आँखें फिर उदासीन हैं, क्या मुझे ग़लती लग रही है?'

खामोशी।

'कोई हरदम एक-सा कैसे रह सकता है...।'

'मुझे सिर्फ़ इस बार बता दो,' मैं बोला। 'मैंने इस बार तुम्हें नाराज़ करने के लिए क्या कहा या किया है? भविष्य के लिए मैं इससे कुछ सीख सकता हूँ।'

वह खिड़की से बाहर देखने लगी, दूर क्षितिज की ओर; वह खड़ी रही और ख़्यालों में डूबी हुई और कुछ उदास निगाह से सामने देखती रही, बिना मेरी ओर मुड़े वह बोली : 'कुछ नहीं, ग्लान। आप कभी-कभी सोच में डूबे होते हैं। क्या तुम परेशान हो गये हो? यह न भूलो, कि कुछ लोग बहुत थोड़ा-सा देते हैं, लेकिन उनके लिए वही बहुत होता है; दूसरे लोग अपना सब दे देते हैं, और उन्हें कोई तकलीफ़ नहीं होती। इनमें से कौन ज़्यादा देता है? बीमारी में तुम बहुत उदास हो गये हो। हमने कैसे शुरू की थी यह बात?' वह अचानक मेरी ओर देखती है, खुशी से उसका चेहरा खिल उठता है, और वह कहती है, 'लेकिन अब तुम जल्दी से ठीक हो जाओ। हम एक दूसरे से मिलेंगे।'

यह कहते हुए, उसने अपना हाथ मेरी ओर बढ़ाया।

और अब मुझे यह सूझी कि मैं उसका हाथ न पकड़ूँ। मैं उठ खड़ा हुआ, अपने हाथों को पीठ पीछे रखे और उसके सामने झुक गया, काफ़ी नीचे तक; मैं उसका शुक्रिया अदा करना चाहता था कि वह मुझसे मिलने आयी थी, इस सहृदयता से।

'माफ़ करना मैं तुम्हें छोड़ने नहीं आ सकता,' मैंने कहा।

जब वह चली गयी, मैं वापस बैठकर इस सब पर विचार करने लगा। मैंने अपनी वर्दी मँगवाने के लिए ख़त लिख दिया।

20

जंगल में पहला दिन।

मैं खुश था और सुस्ती से पड़ा था; सभी जीव मेरे क़रीब आकर मुझे देख

रहे थे, कीड़े पेड़ों पर बैठे थे और गुबरैले पगडण्डी पर सरक रहे थे। क्या मुलाक़ात थी! मैंने सोचा। जंगल के माहौल से मेरी इन्द्रियाँ आप्लावित हो उठी थीं, हर चीज़ के प्रेम में मेरी आँखों में आँसू आ रहे थे, और मैं पूरी तरह खुश था, और शुक्रगुज़ारी में आत्म-समर्पण कर रहा था। ओ अच्छे जंगल, मेरे घर, ईश्वरीय सुख-चैन, क्या मैं तुम्हें तहे-दिल से बताऊँ... । मैं रुक जाता हूँ, हर दिशा में मुड़ते हुए और रोते हुए, पक्षियों, दरख़्तों, पत्थरों, घास और चींटियों को नाम से बुलाता हूँ, इधर-उधर देखते हुए एक-एक करके नाम लेता हूँ उनके। मैं पहाड़ियों की तरफ़ देख कर सोचता हूँ : 'हाँ, तो अब मैं आ रहा हूँ!' जैसे वे बुला रही हों मुझे। वहाँ ऊपर बौना-बाज़ रहता है—मैं उसके घोंसलों को जानता हूँ। लेकिन पहाड़ियों पर घोंसलों में रहते बाज़ों की सोच कर मेरा मन दूर की उड़ानें भरने लगता है।

लगभग दोपहर के समय मैं नाव से एक छोटे से द्वीप पर चला आया, बन्दरगाह से बहुत परे। लाईलैक-रंगे फूल अपनी टहनियों पर मेरे घुटनों तक पहुँच रहे थे; मैं अजीब वनस्पतियों के बीचोंबीच से रास्ता बनाते हुए गुज़र रहा था। रसभरी की झाड़ियों और खुरदुरे घासों के बीच से; कोई जानवर नहीं थे वहाँ, शायद कोई मनुष्य भी नहीं गया होगा वहाँ। समुद्र चट्टानों के साथ हौले-हौले फ़ेनिल हो रहा था, मुझे ध्वनि की एक चूनर में समोता हुआ; बहुत ऊपर घोंसला-चट्टानों पर तट के सारे पक्षी चिल्लाते हुए उड़ रहे थे। लेकिन समुद्र ने चारों ओर से घेर लिया मुझे, जैसे अपने आलिंगन में। जीवन और पृथ्वी और आकाश का भला हो, मेरे शत्रुओं का भला हो, इस घड़ी मैं अपने कट्टर से कट्टर दुश्मन पर रहम करना चाहता था, और उसके जूतों के तमसे बाँधने को आतुर था।

श्रीमान माक की किसी कश्ती में काम करते हुए लोगों के गीत का एक टुकड़ा सुनायी पड़ता है और इस जानी-पहचानी ध्वनि से मेरा अन्तस धूप से भर उठता है। मैं कश्ती खेता हुआ बन्दरगाह तक वापस आता हूँ, मछुआरों की झुग्गियों के सामने से गुज़रता हुआ घर की ओर चलता हूँ। दिन ढल चुका है; मैं भोजन करता हूँ, ईसप के साथ, और फिर जंगल में चला जाता हूँ। एक कोमल सी हवा मेरे चेहरे को दुलारती है। 'भला हो तुम्हारा,' मैं हवाओं से कहता हूँ क्योंकि वे मेरे चेहरे पर हवा करती हैं, 'भला हो तुम्हारा; मेरी रगों का ख़ून नमन करता है तुम्हें, शुक्रगुज़ार है तुम्हारा!' ईसप अपना एक पंजा

मुझ पर रख देता है।

मैं थकान महसूस करता हूँ और आँख लग जाती है मेरी।

खनून्न! खनून्न! क्या घण्टियाँ बज रही हैं? समुद्र के रास्ते में कुछ मील दूर एक पहाड़ है। मैं दो प्रार्थनाएँ करता हूँ, एक अपने कुत्ते के लिए, एक अपने लिए, और हम पहाड़ में दाख़िल हो जाते हैं। हमारे पीछे किवाड़ धड़ाम से बन्द हो जाता है; मैं इस आवाज़ से चौंक कर उठ जाता हूँ।

जलता हुआ रक्ताभ आसमान, सूरज खड़ा होकर मेरे सामने पाँव पटकता है, रात्रि, क्षितिज रोशनी से गूँज उठते हैं। ईसप और मैं छाया में चले जाते हैं। चारों ओर ख़ामोशी छायी है। 'नहीं, हम और नहीं सोयेंगे,' मैं कुत्ते से कहता हूँ, 'हम सुबह शिकार पर जाएँगे, लाल सूरज हम पर चमक रहा है, और हम पहाड़ के भीतर दाखिल नहीं हुए थे...।' और मेरे भीतर अजीब से भाव जन्म लेने लगते हैं और ख़ून मेरे सिर को चढ़ने लगता है।

रोमांचित लेकिन अभी तक कमज़ोर, मैं महसूस करता हूँ कि कोई मुझे चूम रहा है, और चुम्बन मेरे ओठों पर धरा है। मैं इधर-उधर देखता हूँ, कोई नज़र नहीं आता। घास में सरसराहट है, हो सकता है पत्ते गिरे हों ज़मीन पर, हो सकता है कदमों की आहट रही हो। जंगल में एक सिहरन फैल जाती है : इसेलीन की साँस हो सकती है, मैं सोचता हूँ। यही वह जंगल है जिसमें इसेलीन चला करती थी; यहीं वह शिकारियों की याचनाएँ सुनती थी, जो पीले जूते और हरे लबादे पहने हुए रहते थे। वह अपनी जागीर पर रहती थी, यहाँ से सवा मील दूर; चार पीढ़ियाँ पहले, खिड़की के पास बैठे उसने जंगल में शंख की आवाज़ सुनी थी। रेंडियर और भेड़िया और भालू थे यहाँ, और बहुत से शिकारी थे, और वे सभी उसे बड़ी होते हुए देखा करते थे और इन्तज़ार में रहते थे, सब के सब उसके लिए, एक ने उसकी आँखें देखी थीं, एक ने आवाज़ सुनी थी उसकी; एक अनिद्राग्रस्त ग्रामीण नौजवान एक रात अपने बिस्तर से उठा और इसेलीन के कक्ष तक एक सूराख़ कर लिया उसने और इसेलीन के जिस्म के सफ़ेद मख़मल को देख लिया। जब वह बारह की थी, तो दुन्दस आ गया। वह स्कॉट था, मछली का व्यापरी और बहुत से जहाज़ थे उसके पास। उसका एक बेटा था। जब इसेलीन सोलह की हुई, उसने युवा दुन्दस को देखा।

वह उसका पहला प्रेम था...।

और ऐसी अजीबो-ग़रीब कल्पनाएँ मेरे सामने से गुज़रती रहती हैं, मेरा सिर भारी हो जाता है वहाँ बैठे-बैठे; मैं आँखें मूँद लेता हूँ और इसेलीन का चूमना फिर महसूस होता है मुझे। 'इसेलीन, जीवन की प्रमिका, तुम यहाँ हो? और क्या दीदरिक को पेड़ के पीछे छिपा दिया है तुमने?'...मेरा सिर और भारी होने लगता है और मैं नींद की लहरों में डोल जाता हूँ।

खन्नून! खन्नून! कोई ध्वनि बोलती है, जैसे सात सितारे ख़ुद मेरे खून में गाने लगे हों; इसेलीन की वाणी है यह :

सो जाओ! सो जाओ! और तुम्हें सोते हुए मैं अपनी पहली रात के बारे में बताऊँगी। मुझे अभी तक याद है, मैं किवाड़ लगाना भूल गयी थी; मैं सोलह बरस की थी, वसन्त का मौसम था और मन्द बयारें बहती थीं; तो दुन्दस आ गया। उड़ते उकाब के झपट्टे की तरह था वह। एक सुबह मैं उसे शिकार से पहले की घड़ियों में मिली; वह पच्चीस का था और दूर-देशों की सैर से लौटा था; बागीचे में उसने मेरे साथ चलना शुरू किया; और जब उसने अपनी बाँह से मुझे छुआ, मैं उससे प्रेम करने लगी। दो तपते हुए लाल धब्बे उसके ललाट पर दिख रहे थे, और मैं उन लाल धब्बों को चूम सकती थी।

शाम के समय शिकार के बाद, मैं उसे बागीचे में ढूँढ़ने गयी, और मुझे डर था कि वह मिल जाएगा मुझे। मैंने उसका नाम अपने आप में धीरे से बुदबुदाया, और मुझे डर था वह सुन लेगा। फिर वह झाड़ियों में से बाहर आया और हौले से बोला, 'आज रात ठीक एक बजने पर।' फिर वह चला गया।

'एक बजने पर!' मैं ख़ुद से कहती हूँ, 'इस बात का क्या अर्थ था?' मैं समझ नहीं पाती। निश्चित ही उसका आशय था कि वह जा रहा है—लेकिन मुझे इससे क्या मतलब कि वह कब जा रहा है?

और यूँ मैं अपना किवाड़ लगाना भूल गयी...।

आधी रात के ठीक एक घण्टे बाद वह प्रविष्ट होता है।

'क्या मेरा किवाड़ बन्द नहीं था?' मैं पूछती हूँ।

'मैं अब बन्द किये देता हूँ,' वह उत्तर देता है।

और वह किवाड़ लगाता है और हम दोनों को बन्द कर लेता है, मुझे उसके

भारी जूतों की आवाज़ से डर लग रहा था। 'मेरी परिचारिका को जगा नहीं देना,' मैंने कहा। और मैं कुर्सी की चरमराहट से भी डर रही थी, और मैं बोली, 'नहीं, उस कुर्सी पर मत बैठना क्योंकि वह चरमराती है।'

'क्या मैं तुम्हारे साथ काऊच पर बैठ जाऊँ?' उसने पूछा।

'हाँ,' मैंने कहा।

लेकिन मैंने यह सिर्फ़ इसलिए कहा था क्योंकि कुर्सी चरमराती थी।

हम वहाँ मेरे काऊच पर बैठ गये, मैं कुछ परे सरक गयी, और वह मेरी ओर सरक आया। मैं नीचे देखने लगी।

'तुम ठिठुर रही हो,' वह बोला और मेरा हाथ थाम लिया उसने। फिर फ़ौरन बोला, 'कितनी ठिठुर रही हो तुम!' और उसने अपनी बाँह में भींच लिया मुझे।

मैं उसकी बाँह में गर्म होने लगी। हम इस तरह कुछ देर बैठे रहते हैं। एक मुर्गा बाँग देता है।

'तुमने सुना?' वह बोला। 'मुर्गे ने बाँग दी। सुबह होने को है।'

उसने मुझे छुआ और मैं खो गयी।

'अगर तुम्हें पक्का पता है कि मुर्गे ने बाँग दी है,' मैं हक़लाई।

मैंने फ़िर उसके माथे पर तपते हुए दो धब्बों को देखा, और मैंने उठने की कोशिश की। लेकिन फिर उसने मुझे रोक लिया; मैंने उन दो सम्मोहक धब्बों को चूमा और उसकी ओर आँखें मूँद लीं...।

फिर दिन निकल आया, सुबह तो हो ही चुकी थी। मेरी नींद खुली, और मेरे कमरे की दीवारें मेरी पहचान में नहीं आयीं; मेरे भीतर कुछ काँप रहा था; मैं उठी और मेरे नन्हे जूते मेरी पहचान में नहीं आये। यह क्या है जो मेरे भीतर काँप रहा है? मैंने मुस्कराते हुए सोचा। और घड़ी ने अभी क्या बजाया है? मुझे कुछ पता नहीं था, इतना भर याद कि मैं किवाड़ लगाना भूल गयी थी।

मेरी परिचारिका आती है।

'आपके फूलों को पानी नहीं मिला,' वह कहती है।

मैं अपने फूलों को भूल चुकी थी।

'आपकी पोशाक में सल हैं,' वह बोलती रहती है।

मैंने अपनी पोशाक में सल कहाँ डलवाए होंगे?

मैं हँसते हुए दिल में पूछती हूँ अपने आप से। ज़रूर यह रात की

बात होगी।

फाटक पर एक बग्घी आकर रुकती है।

'और आपकी बिल्ली को दूध नहीं मिला है,' परिचारिका कहती है।

लेकिन मैं अपने फूल, अपनी पोशाक, और अपनी बिल्ली को भूल जाती हूँ, और पूछती हूँ : 'क्या फाटक पर दुन्दस आकर रुका है? उससे कहो कि फ़ौरन मेरे पास आये, मैं इन्तज़ार कर रही हूँ, कुछ बात है...कुछ...' और मैं सोचती हूँ; क्या वह आकर फिर से किवाड़ लगा लेगा?

वह दस्तक देता है। मैं किवाड़ खोलती हूँ और फिर ख़ुद ही लगा लेती हूँ, उसका एक छोटा सा काम निपटा देने की गरज़ से।

'इसेलीन!' वह कहता है, और पूरे एक क्षण के लिए मेरे ओठों को चूम लेता है।

'मैंने तो तुम्हें नहीं बुलाया था,' मैं खुसफुसाती हूँ।

'नहीं बुलाया था तुमने?' वह पूछता है।

मैं फिर बिलकुल खो जाती हूँ, और जवाब देती हूँ : 'हाँ, बुलाया था— मैंने बुलाया था तुम्हें। तुम्हारे लिए फिर वही ख़ामोश सी ख़्वाहिश होने लगी थी। थोड़ी देर रुको तो सही यहाँ।'

और उसके प्रेम में मैं अपनी आँखें मूँद लेती हूँ। वह मुझे जाने नहीं देता; मैं ढह कर उससे लिपट जाती हूँ।

'मैंने सोचा मैंने मुर्गे को फिर बाँग देते हुए सुना है,' वह ध्यान से सुनते हुए बोला।

लेकिन जब मैंने सुना कि उसने क्या कहा है, मैं फुर्ती से उसे काटते हुए बोली, 'नहीं, तुमने कैसे सोच लिया कि मुर्गे ने फिर बाँग दी है? मैंने तो कोई बाँग-वाँग नहीं सुनी।'

उसने मेरे वक्ष को चूम लिया।

'सिर्फ़ किसी मुर्गी की कुटकुटाहट थी,' मैं अन्तिम क्षण में कहती हूँ।

'रुको मैं किवाड़ लगाकर आता हूँ,' वह बोला, और उठने को हुआ।

लेकिन मैंने उसे रोका और हौले से बोली, 'किवाड़ बन्द है...।'

फिर दोबारा शाम हो गयी और दुन्दस चला गया। कुछ सुनहरी-सा मेरे भीतर काँपने लगा। मैं आईने के सामने जाकर खड़ी हो गयी और प्यार की दो प्यासी आँखें बाहर मेरी ओर झाँकने लगीं, जिन्हें निहारते हुए मुझे अपने भीतर

कुछ हरक़त में आता हुआ महसूस हुआ, दिल के आसपास एक कँपकँपी, कँपकँपी! हे ईश्वर, मैंने खुद को कभी उन आँखों से नहीं देखा था, और प्रेमोन्माद में मैंने आईने में अपने ओठों को चूम लिया...।

और अब मैंने तुम्हें अपनी पहली रात, और सुबह और फिर उसके बाद शाम के बारे में बता दिया है। फिर कभी मैं तुम्हें स्वेन हेरलुफ़्सन के बारे में बताऊँगी। उससे भी मैं प्रेम करती थी; वह तीन मील दूर रहता था, वहाँ उस द्वीप पर जो यहाँ से दिखायी देता है, और गर्मी की शान्त रातों में मैं अपनी कश्ती पर उससे मिलने जाया करती थी। मैं तुम्हें स्टामेर के बारे में भी बताऊँगी। वह गिरजाघर का पादरी था, और मैं उससे प्रेम करती थी। मैं हर किसी से प्रेम करती हूँ...।

नींद के भीतर से मुझे सिरिलुँड पर एक मुर्गा बाँग देता सुनायी देता है।

'तुमने सुना, इसेलीन? मुर्गे ने हमारे लिए भी बाँग दी।'

मैं ख़ुशी से कराह उठता हूँ, और अपनी बाँहें पसार देता हूँ। मैं जाग जाता हूँ। ईसप अभी से उठ खड़ा हुआ है। 'चली गयी।' मैं दहकते हुए दुख से कहता हूँ, और अपने चारों ओर देखता हूँ। 'कोई नहीं है, कोई नहीं है यहाँ!' ज्वरग्रस्त और उत्तेजित मैं घर की ओर निकल पड़ता हूँ। सुबह हो चुकी है, और सिरिलुँड पर मुर्गा अभी तक बाँग दे रहा है।

झोंपड़ी के पास एक औरत खड़ी है, ईवा खड़ी है। उसके हाथ में रस्सी है, और वह ईंधन लेने जा रही है। इस युवती पर ज़िन्दगी की पौ फट रही है, उसका वक्ष साँस ले रहा है। और सूर्य उसे खरे सोने से स्पर्श कर रहा है।

'तुम यह तो नहीं सोचोगे...' वह हक़लाती है।

'क्या नहीं सोचूँगा मैं, ईवा?'

'मैं इस तरफ़ तुमसे मिलने नहीं आयी थी, मैं सिर्फ इस रास्ते से गुज़र रही थी...।'

और वह लाल-सुर्ख़ हो जाती है।

21

मेरा पाँव मुझे कष्ट और पीड़ा देता रहा, रातों में अक़्सर मेरे पाँव पर खुजली होने लगती थी और मुझे जागे रहने पड़ता था; यकायक पूरा पाँव कभी टीस

उठता था, और जब मौसम बदलता था तो मुझे गठिया बेहद तकलीफ़ देता था। ऐसा कई दिन तक चलता रहा।

लेकिन इस सबसे लँगड़ाने नहीं लगा मैं।

दिन गुज़रते रहे।

श्रीमान माक वापस आ चुके थे, और मुझे बहुत जल्दी इसका पता चलने वाला था। उन्होंने कश्ती मुझसे वापस ले ली थी, शिकार का मौसम जाता रहा था, और मैं कुछ नहीं कर सकता था। लेकिन कश्ती क्यों छीन ली उन्होंने मुझसे?

बन्दरगाह पर श्रीमान माक के दो सहायक किसी अजनबी के साथ कश्ती पर सवार होकर समुद्र की ओर निकल गये थे।

मेरी डॉक्टर से मुलाकात हुई।

'कश्ती ले ली गयी है मुझसे,' मैंने कहा।

'कोई अजनबी आया है,' वह बोला। 'उसे रोज़ वे कश्ती से समुद्र छोड़ने जाते हैं और शाम को लिवा लाते हैं। वह समुद्र तल की जाँच कर रहा है।'

अजनबी फ़िनलैंड से था। श्रीमान माक संयोगवश उसे किसी जहाज़ पर मिले थे; वह स्पिट्ज़बर्गन से लौट रहा था,सीपियों और समुद्री जीवन के अन्य नमूनों के साथ; वे उसे बैरन कहकर बुला रहे थे। उसे श्रीमान माक के घर में एक बड़ा और एक छोटा कमरा दे दिया गया था। काफ़ी सनसनी फैली थी उसके आने पर।

मेरे पास माँस ख़त्म होने को आ रहा है और मैं आज शाम एद्वार्दा से कुछ माँग सकता हूँ, मैंने सोचा। मैं घूमता-घूमता सिरिलुँड निकल जाता हूँ। मैं फ़ौरन देख लेता हूँ कि एद्वार्दा नयी पोशाक पहने है; वह बड़ी हो गयी लगती है, और उसकी पोशाक बहुत लम्बी है।

'माफ़ करना मैं उठ नहीं सकती,' वह सख़्ती से बोली, और अपना हाथ मेरी ओर बढ़ा दिया उसने।

'मुझे लगता है मेरी बेटी ठीक नहीं है,' श्रीमान माक ने कहा। 'सर्दी लग गयी लगती है, वह ख़ुद का ख़्याल नहीं रखती रही है...। लगता है तुम कश्ती के बारे में पूछने आये हो? कोई दूसरी कश्ती तुम्हें देनी पड़ेगी मुझे। नयी तो नहीं है, लेकिन जब तक आप पानी उलीचते रहें...। बात यह है कि इस समय विज्ञान का एक व्यक्ति हमारे घर में है, और जैसा कि तुम समझ सकते हो ऐसे

व्यक्ति के पास...उसके पास फ़ालतू समय नहीं है...सारा दिन काम करके शाम के समय घर लौटता है। अब तुम आये हो तो उसके लौटने तक रुकना चाहिए तुम्हें, तुम्हें अच्छा लगेगा उससे मिलना। यह देखो उसका कार्ड, उसका किरीट इत्यादि; वह बैरन है। दिलक़श आदमी है। उससे मेरी मुलाक़ात महज़ एक इत्तेफ़ाक था।'

ओहो, मैंने सोचा तो मुझे खाने के लिए नहीं रोका जा रहा है! खैर, भगवान का शुक्र है, मैं तो सिर्फ़ ज़मीन जोखने आया था। मैं वापस जा सकता हूँ, थोड़ी मछली रखी है मेरी झोंपड़ी में। मेरे हिसाब से एक वक्त का खाना तो निकल ही आयेगा। तो यह है!

बैरन दाख़िल हुआ। क़रीब चालीस की उम्र का एक छोटा-सा आदमी, लम्बे, दुबले चेहरेवाला; गालों की हड्डियाँ उभरी हुईं और पतली-सी काली दाढ़ी। उसकी नज़र काफ़ी तेज़ और पैनी थी, लेकिन वह मोटा चश्मा पहने था। उसकी कलाई के बटनों पर वही पंचकोणी किरीट था जो उसके कार्ड पर था, वह थोड़ा झुका हुआ था, और उसके दुबले हाथों की नसें नीली थीं, लेकिन नाखून पीले धातु के से थे।

'बहुत खुशी हुई तुमसे मिलकर, लेफ़्टिनेंट। काफ़ी समय से यहाँ हो, मैं पूछ सकता हूँ?'

'कई महीनों से।'

अच्छा आदमी था वह। श्रीमान माक ने उसे सुझाव दिया कि वह हमें अपनी सीपियों और समुद्री जीवों के बारे में बताये, और यह उसने काफ़ी शौक से किया। उसने हमें बताया कि कूर टापुओं पर कैसी मिट्टी पायी जाती थी; वह अपने कमरे में गया और व्हाइट्-सी की शैवाल का एक नमूना लेकर आया। वह लगातार अपनी दायीं तर्जनी उठाकर अपने चश्मे के सुनहरे फ्रेम को अपनी नाक पर ऊपर नीचे सरका रहा था। श्रीमान माक बड़े चाव से देख रहे थे। यूँ एक घण्टा बीत गया।

बैरन ने मेरे एक्सिडेण्ट का ज़िक्र छेड़ दिया, उस बदकिस्मत गोली का। क्या अब मैं ठीक था? वाक़ई? उसे अच्छा लगा सुनकर।

उसे मेरे एक्सिडेंट के बारे में कौन बताता रहा है, मैं अचरज करता रहा। मैंने पूछा, 'तुमने इस एक्सिडेंट के बारे में किससे सुना, बैरन?'

'ओह...कौन था वह? मिस माक, शायद। क्यों ठीक है न, मिस माक?'

एदुवार्दा का चेहरा सुर्ख़ी से दहकने लगा।

मैं मायूस हालत में वहाँ पहुँचा था; कई दिन से गहरे अवसाद में निढाल पड़ा रहा था लेकिन अजनबी के अन्तिम शब्दों से ख़ुशी की एक लहर फ़ौरन मेरी रगों में दौड़ गयी। मैंने एदुवार्दा की ओर नहीं देखा, लेकिन मैंने सोचा : मेरे बारे में बात करने के लिए धन्यवाद, मेरा नाम अपनी ज़बान पर लाने के लिए, हालाँकि वह तुम्हारे लिए अर्थ से ख़ाली है। शुभ-रात्रि।

मैंने जाने की इजाज़त ली। एदुवार्दा इस बार भी बैठी रही और दिखावे के तौर पर उसने ठीक न होने का बहाना किया। मुझे अपना हाथ उसने बहुत बेरुख़ी से दिया।

और श्रीमान माक बहुत जोश से बैरन से बात करते रहे। वह अपने वाणिज्यदूत दादा के बारे में बता रहे थे, 'मुझे नहीं पता, बैरन, मैंने तुम्हें बताया है या नहीं, कि राजा कार्ल योहान ने अपने हाथों से मेरे दादा की छाती पर यह हीरे की पिन लगायी थी।'

मैं उस घर से चला आया; कोई मुझे छोड़ने बाहर नहीं आया। जाते-जाते मैंने बैठक की खिड़कियों से देखा और वो खड़ी थी एदुवार्दा, लम्बी, सीधी, दोनों हाथों से पर्दा हटाये, बाहर देखती हुई। मैंने झुककर विदा नहीं ली। मैं सब भूल बैठा; बौखलाहट के एक बवण्डर ने मुझे घेर लिया और मुझे तेज़ी से ले उड़ा वहाँ से।

'रुको, ज़रा रुको तो', जंगल में पहुँचकर मैंने अपने आप से कहा। 'भगवान के लिए, लेकिन इस सबको पार लगाना होगा मुझे।' मैं गुस्से से यकायक तमतमा उठा, और कराहने लगा। उफ़ कोई खुद्दारी नहीं बची थी मुझमें; एदुवार्दा की चाहना का पात्र था मैं, ज़्यादा से ज़्यादा एक हफ़्ते के लिए, और मुद्दत हो गयी है इस बात को भी और फिर भी मैं आदी नहीं हुआ था इसका। अब से मेरा दिल उसके लिए यही कराहेगा, 'माटी, हवा, मेरे रास्ते की ज़मीन ख़ुदा को हाज़िर-नाज़िर...'

मैं झोंपड़ी में पहुँचा, मछली निकाली और भोजन किया मैंने।

तो यह रहे तुम, स्कूल जाने वाली एक छोटी-सी लड़की के लिए ज़िन्दगी ख़ाक किए दे रहे हो, और तुम्हारी रातें सूने सपनों से भरी हैं। एक उमसदार हवा तुम्हारे सिर को घेरे हुए है, बासी और फफूँदी हवा। जबकि आसमान चमत्कारी नीले से काँप रहा है, और पहाड़ बुला रहे हैं। चल, ईसप, उठ!

22

एक हफ़्ता बीत गया। मैंने लोहार की नाव किराये पर लेकर अपने भोजन के लिए मछली पकड़ना शुरू किया। एद्वार्दा और बैरन शाम के समय हमेशा साथ होते थे, जब वह समुद्र से लौटता था। एक शाम वे मेरे झोंपड़ी के पास से भी गुज़रे; मैं खिड़की से हट गया और हल्के से किवाड़ भी लगा लिया मैंने, अगर कहीं वे...। उन्हें साथ देखकर मुझ पर कोई ख़ास असर नहीं हुआ; मैंने कन्धे उचकाए। फिर एक और शाम वे मुझे रास्ते में मिले और हमने सिर हिलाकर अभिवादन किया; मैंने बैरन को पहल करने दी, तिस पर मैंने दो उँगलियाँ टोपी की तरफ़ जान-बूझकर बेरुख़ी से उठाईं। मैं आराम से उनके पास से गुज़र गया, एकदम उदासीनता से उनकी ओर देखते हुए।

एक और दिन गुज़र गया।

ऐसे लम्बे दिन, कितने बीत चुके होंगे? मैं अवसाद की मनःस्थिति में था, मेरा दिल ख़ामोशी से चीज़ों पर विचार करता रहता था; झोंपड़ी के क़रीब वह करुणाशील सुरमई शिला-खण्ड भी अब दुःख और अवसाद भरी सूरत लिए खड़ा रहता था, जब मैं उसके पास से गुज़रता था। हवा में बारिश थी; गर्मी ऐसी चीज़ थी जो हाँफ़ती हुई मेरे सामने खड़ी मिलती थी, जिस तरफ़ भी मैं मुड़कर देखता था; बायें पाँव में गठिये की टीस उठती थी; उस सुबह मैंने श्रीमान माक के एक घोड़े को अपने साज़ में काँपते हुए देखा था; इन सभी चीजों का मेरे लिए कुछ अर्थ था जैसे मौसम के संकेत हों वे। ऐसे मौसम के चलते घर में भोजन का अच्छा-ख़ासा भण्डार रखना बेहतर होगा, मैंने सोचा।

ईसप को बाँधकर मैं मछली पकड़ने का सामान उठाकर बन्दरगाह की ओर निकल गया। मैं पहले से कहीं ज़्यादा उत्पीड़ित था।

'डाक-नाव कब आयेगी?' मैंने एक मछुआरे से पूछा।

'डाक-नाव? तीन हफ़्ते में,' उसने जवाब दिया।

'मैं अपनी वर्दी की प्रतीक्षा में हूँ,' मैंने कहा।

फिर मुझे श्रीमान माक की दुकान का एक सहायक मिल गया। मैंने उसका हाथ थामकर पूछा, 'ईश्वर के लिए, मुझे बताओ, क्या तुम सिरिलुँड में विस्ट नहीं खेलते अब?'

'हाँ, अक़्सर,'' उसने जवाब दिया।

ख़ामोशी।

'मैं पिछले कुछ दिन से आया नहीं हूँ," मैं बोला।

मैं नाव से मछली पकड़ने के लिए निकल गया। उमस बहुत बढ़ चुकी थी, मच्छरों के बादल घुमड़े चले आते थे, और उनसे बचने के लिए मुझे हर समय धूम्रपान करते रहना पड़ता था। स्नेहमीनिकाएँ काट खा रही थीं, और मैं दो-दो कँटियों से मछली पकड़ रहा था और ख़ूब पकड़ लीं मैंने। लौटते समय मैंने गिलीमॉट की एक जोड़ी को भी मार गिराया।

जब मैं अवतरण-पट्टी पर पहुँचा, लोहार वहाँ था और काम में जुटा था। मुझे कुछ सूझा; मैंने पूछा :

'घर चल रहे हो?'

'नहीं,' वह बोला, 'श्रीमान माक ने मुझे कुछ काम दिया है और मुझे आधी रात हो जाएगी यहाँ।'

मैंने मुंडी हिलाकर मन ही मन सोचा अच्छा है।

मैंने मछलियाँ उठायीं और चल दिया, लोहार के घर के सामने से गुज़रने वाले रास्ते से। ईवा घर पर अकेली थी।

'मैं तहे-दिल से तुम्हें चाहता रहा हूँ,' मैंने उससे कहा। उसे देखकर मैं कुछ पिघल-सा गया था; वह मुझसे नज़र नहीं मिला पा रही था, इतनी दंग रह गयी थी वह। 'मैं तुम्हारे यौवन और तुम्हारी करुण आँखों से प्रेम करता हूँ', मैंने कहा। 'आज तुम मुझे इस बात की सज़ा ज़रूर देना कि मैं तुमसे ज़्यादा किसी और के बारे में सोचता रहा हूँ। सुनो, मैं यहाँ सिर्फ़ तुम्हें देखने के लिए आया हूँ, यह मेरे लिए अच्छा है, और मैं तुमसे प्रेम करता हूँ। तुमने सुना था मैं कल रात तुम्हें पुकार रहा था?'

'नहीं', उसने सहम कर जवाब दिया।

'मैं कह रहा था एद्वार्दा, मिस एद्वार्दा, लेकिन मेरा मतलब तुमसे था; मैंने खुद को जगा लिया था इस तरह। हाँ, मेरा मतलब तुम्हीं से था; ग़लती से मेरे मुँह से एद्वार्दा निकल गया था। लेकिन अब हम इसके बारे में बात नहीं करेंगे। हे ईश्वर, क्या तुम्हीं मेरी सबसे प्यारी लड़की नहीं हो, ईवा! तुम्हारे ओंठ आज इतने सुर्ख़ हैं। तुम्हारे पाँव एद्वार्दा के पाँवों से ज़्यादा खूबसूरत हैं—तुम खुद ही देख लो।' और मैंने उसकी पोशाक उठाकर उसे उसकी टाँगें दिखायीं।

उसका चेहरा ऐसे आह्लाद से खिल उठा जो मैंने पहले कभी नहीं देखा

था; वह मुझसे परे होने की कोशिश करती है, फिर ठिठक जाती है और अपनी एक बाँह मेरे गले में डाल देती है।

कुछ समय बीत जाता है। हम बातें करने लगते हैं, पूरा समय एक लम्बे बेंच पर बैठे हुए और एक दूसरे से कई विषयों पर बात करते हैं। मैंने कहा, 'तुम विश्वास कर सकती हो मिस एद्वार्दा ने अभी तक ठीक से बात करना भी नहीं सीखा; वह बच्चों की तरह बात करती है और कहती है, 'अधिक ज़्यादा खुश'; मैंने खुद उसे सुना है यह कहते। तुम्हें क्या लगता है उसका माथा सुन्दर है? मैं तो ऐसा नहीं सोचता। उसका माथा दुष्ट है। और वह अपने हाथ भी नहीं धोती।'

'लेकिन हमें उसके बारे में और बात नहीं करनी थी न।'

'बिलकुल, मैं भूल गया था।'

कुछ और समय गुज़र जाता है। मुझे कुछ ख़्याल आता है और मैं ख़ामोश हो जाता हूँ।

'तुम्हारी आँखें नम क्यों हो आयी हैं?' ईवा पूछती है।

'दरअसल उसका माथा सुन्दर है', मैं कहता हूँ, 'और उसके हाथ हमेशा साफ़ रहते हैं। सिर्फ़ एक ही बार उसके हाथ संयोगवश गन्दे थे। मेरा मतलब इससे ज़्यादा कुछ नहीं था।' लेकिन फिर दाँत भींच कर मैं बदहवासी में बोलता रहा, 'मैं हर समय बैठा-बैठा तुम्हारे बारे में सोचता रहता हूँ, ईवा। लेकिन मुझे अभी-अभी सूझा है कि जो मैं अब तुम्हें बताने जा रहा हूँ, शायद तुमने पहले कभी नहीं सुना। पहली बार जब एद्वार्दा ने ईसप को देखा वह बोली, 'ईसप? एक बुद्धिमान आदमी का नाम है यह, जो फ्रिजिया से था। है न बेतुकी बात? उसने उसी दिन किसी किताब में पढ़ा होगा, मुझे पक्का पता है।'

'हाँ', ईवा बोली, 'तो फिर?'

'और जहाँ तक मुझे याद है उसने यह भी कहा था कि गज़ानथुस ईसप का गुरु था। हा हा!'

'ओ, हाँ।'

'फिर भला क्या तुक हुई सबको बताने में कि गज़ानुथुस ईसप का शिक्षक था? मैं पूछ भर रहा हूँ! ओहो, ईवा, आज तुम सही मूड में नहीं हो, नहीं तो तुम इस बात पर हँसते-हँसते पागल हो जातीं।'

'हाँ, मुझे लगता है हास्यास्पद बात है यह', ईवा अचरज करते हुए कहती

है और ज़बरदस्ती हँसने की कोशिश करती है। 'लेकिन मैं इतना अच्छे से नहीं समझती जितना तुम।'

मैं ख़ामोश और विचारमग्न हो जाता हूँ, ख़ामोश और विचारमग्न।

'क्या तुम चाहोगे हम चुपचाप यहाँ बैठे रहें और कोई बात न करें?' ईवा हल्के से पूछती है। उसकी आँखों में करुणा है, और वह मेरे बालों को अपने हाथ से सहलाती है।

'अच्छी-सी, प्यारी-सी, तुम!' मैं कह उठता हूँ और भींच लेता हूँ उसे। 'मुझे सच में बहुत कामना होती है तुम्हारे प्यार की, मैं और ज़्यादा प्रेम करने लगा हूँ तुमसे; अन्त में तुम मेरे साथ चलोगी, जब मैं यहाँ से जाऊँगा। देखना तुम। तुम चलोगी मेरे साथ?'

'हाँ', वह जवाब देती है।

मुझे मुश्किल से उसकी 'हाँ' सुनायी देती है, लेकिन मैं उसकी साँस में महसूस कर सकता हूँ, उसके भीतर किसी चीज़ की तरह; हम उन्मत्त आलिंगन में एक-दूसरे से लिपट जाते हैं, और वह बेहवास ख़ुद को मुझे सौंप देती है।

एक घंटे बाद मैं ईवा को चूमकर विदा लेता हूँ। दरवाज़े पर श्रीमान माक खड़े हैं।

स्वयं श्रीमान माक।

वे चौंक जाते हैं, घर के भीतर घूरते हैं, वहीं देहरी पर खड़े हैं और भीतर घूरते हैं। 'हाँ', वे कहते हैं, और उनकी बोलती बन्द हो जाती है; वे एकदम सकपका गये हैं।

'आप सोचते थे मैं आपको यहाँ नहीं मिलूँगा?' मैं टोपी उठाते हुए कहता हूँ।

ईवा कोई हरक़त नहीं करती।

श्रीमान माक ख़ुद को शान्त करते हैं, एक विचित्र आत्मविश्वास उनके अन्दाज़ में दिखायी देने लगता है और वे जवाब देते हैं, 'तुम्हें ग़लती लगी है, मैं बिलकुल तुम्हीं को ढूँढ़ रहा हूँ। मैं इस बात का ध्यान दिलाना चाहता हूँ तुम्हें कि पहली अप्रैल से पन्द्रह अगस्त के बीच पक्षियों के घोंसलों के क्षेत्र में शिकार करना मना है। तुमने टापू पर आज दो पंक्षियों का शिकार किया है, किसी ने देख लिया था तुम्हें।'

'मैंने दो गिलीमॉट मारी थीं', मैं लाचारगी से कहता हूँ। मैं फ़ौरन समझ

गया कि वे सही थे।

'दो गिलीमॉट या बत्तख। एक ही बात है। तुम वर्जित क्षेत्र में थे।'

'मुझे मानना पड़ेगा', मैंने कहा। 'अभी तक सूझा नहीं था मुझे।'

'लेकिन सूझना चाहिए था।'

'लेकिन एक बार मैंने दोनों नलियों को दाग दिया था, मई के महीने में, लगभग उसी जगह। जिस दिन हम लोग टापुओं पर गये थे। और ख़ासतौर पर आपकी ही इच्छा से हुआ था यह।'

'वो और बात थी', श्रीमान माक ने तुरन्त कहा।

'तब तो आपको अच्छी तरह मालूम है क्या करना चाहिए, नहीं?'

'अच्छी तरह मालूम है,' वे बोले।

ईवा तैयार खड़ी थी; जब मैं बाहर निकला वह मेरे पीछे-पीछे निकल आयी। उसने अपना स्कार्फ़ बाँध लिया था और वह घर से दूर जा रही थी। मैंने उसे बन्दरगाह के रास्ते पर जाते हुए देखा। श्रीमान माक अपने घर की ओर निकल गये।

मैंने इस सब पर ग़ौर किया। कितनी चतुराई से उन्हें बहाना मिल गया था! और ग़ज़ब की पैनी आँखें! एक गोली, दो गोली, दो गिलीमॉट, हर्जाने की अदायगी। और फिर सब खत्म हो जायेगा, वह सब जो श्रीमान माक और उनकी दी गयी रिहाइश से सम्बन्धित है। कितने आराम से सब हो रहा था और कितनी ग़ज़ब की फुर्ती से...।

पानी गिरने लगा था, बड़ी-बड़ी कोमल बूँदों में। मुटरियाँ ज़मीन के ज़रा सा ही ऊपर उड़ रही थीं, और जब मैंने घर आकर ईसप को खोला, तो वह घास खाने लगा। हवा झीखने लगी थी।

23

एक मील नीचे मैं समुद्र को देखता हूँ। बारिश हो रही है और मैं ऊपर पहाड़ियों में हूँ; एक चट्टान का छत्र मुझे भीगने से बचाता है। मैं अपनी पाइप पीता हूँ, एक के बाद दूसरी, और जितनी बार सुलगाता हूँ उसे, राख में से तम्बाखू प्रज्वलित कीड़ों की तरह घुमड़ने लगता है। और ऐसे ही मेरे दिमाग़ में उफ़नते हुए विचार। मेरे सामने सूखी टहनियों की एक ढेरी है, टूटा हुआ घोंसला। और

जैसी दशा उस घोंसले की है, मेरी आत्मा की भी है।

मुझे उस दिन और अगले दिन की घटनाओं के सूक्ष्मतम विवरण याद हैं। उफ़ कितने शर्मनाक ढंग से पेश आया गया था मुझसे...।

मैं यहाँ पहाड़ियों के बीच समुद्र और हवा की भयावह ध्वनि में बैठा हूँ, हवा की उफ़नती हुई साँय-साँय में। दूर वहाँ मुझे मछलियाँ पकड़ने की कश्तियाँ और दूसरी नावें दिखायी देती हैं जिनके पाल समेट दिए हैं; कुछ लोग सवार हैं उन पर, निश्चित ही कहीं और जा रहे हैं; और ईश्वर ही जाने, मैं सोचता हूँ, वे ज़िन्दगियाँ कहाँ के लिए रवाना हैं। समुद्र फ़ेनिल होता है, हवा में छलाँग लगाता है और गिर जाता है, गिर जाता है जैसे तैश में आयी कोई आकृतियाँ हाथ-पाँव पटकती हुई एक-दूसरे पर टूट रही हों। नहीं, यह तो दस हज़ार चीखते हुए पिशाचों का जुलूस है, जो अपने कन्धों के बीच अपनी मुंडियाँ डुबोते, गोल-गोल घूमते हुए, अपने डैनों के सिरों से समुद्र को फटकारते हुए सफ़ेद किए दे रहे हैं। दूर, बहुत दूर एक गुप्त प्रवाल-भित्ति है; उस प्रवाल-भित्ति से एक सफ़ेद मत्स्य-पुरुष उठ खड़ा होता है जो किसी चौकोर ढाँचे वाली उस कश्ती के पीछे अपना सिर पटकता है जिसमें छेद हो चुका है और जो हवा के आगे-आगे दूर समुद्र में निकल गयी है! दूर समुद्र में, दूर सूने समुद्र में...।

मैं अकेले में खुश हूँ, यह जानते हुए कि कोई मेरी आँखों को देख नहीं सकता। मैं चट्टान-दीवार के सहारे निश्चिन्त खड़ा हूँ, यह जानते हुए कि कोई मेरे पीछे खड़ा मुझे देख नहीं सकता। शिखर पर एक पक्षी झपटता है, टूटी हुई बोली में; उसी क्षण, ज़्यादा दूरी पर नहीं, चट्टान का एक भारी टुकड़ा टूट कर समुद्र की ओर लुढ़क जाता है। और मैं कुछ देर विश्राम करता हूँ, वहाँ, एकदम निश्चल, एकदम शान्त पड़ा हुआ; चट्टान की शरण में सुरक्षित बैठे हुए एक गुनगुना और आरामदेह एहसास मुझे घेर लेता है, जबकि मेरे चारों ओर पानी बरस रहा है। मैं अपनी जैकेट के बटन लगा लेता हूँ और ईश्वर का शुक्रिया अदा करता हूँ कि कितनी गर्म है वह। कुछ और समय बीत गया। मुझे नींद आ गयी।

दोपहर हो चुकी है। मैं घर जाने लगता हूँ; पानी अभी तक बरस रहा है। फिर कुछ अनपेक्षित घट जाता है। एद्वार्दा मेरे सामने पगडण्डी पर खड़ी है। वह पूरी तरह भीगी हुई है जैसे बहुत देर से बारिश में रही हो, लेकिन वह मुस्कराती है। अहा! मैं खुद से कहता हूँ, और मुझे अपना गुस्सा भड़कता हुआ महसूस होता है; मैं अपनी बन्दूक को बुरी तरह कसकर पकड़ लेता हूँ, उसकी

ओर चलते हुए, बावजूद इसके कि वह मुस्करा रही है।

अभिवादन करने की पहल वह करती है।

मैं थोड़ी देर और कुछ कदम चलने के बाद ही कहता हूँ, 'मैं नमस्कार करता हूँ तुम्हें, सुन्दर कन्या।'

वह मेरे मज़ाकिया अन्दाज से सकपका जाती है। उफ़, मुझे नहीं पता मैं क्या बोल गया था। वह सहमी-सी मुस्कराती है और मेरी ओर देखती है।

'क्या तुम ऊपर प्रपातों के पास थे?' वह पूछती है। 'कितने भीग गये हो तुम। एक स्कार्फ़ है मेरे पास, मेहरबानी से ले लो इसे, मेरा काम चल जाएगा इसके बिना...। नहीं, तुम्हारा मुझसे अब कोई वास्ता नहीं है न!' और वह आँखें नीची कर लेती है, सिर हिलाती है क्योंकि मैं उसका स्कार्फ़ नहीं लेता।

'स्कार्फ़?' मैं जवाब देता हूँ, गुस्से और हैरानी से सूखी हँसी हँसते हुए। 'लेकिन मेरे पास यह जैकेट है, तुम लेना चाहोगी? मेरा काम चल जाएगा इसके बिना। मुझे इस बात से कोई फ़र्क नहीं पड़ता कि किसे दी है मैंने, इसलिए तुम निश्चिन्त होकर ले सकती हो इसे। मैं खुशी से किसी मछुआरे की पत्नी को भी दे सकता था इसे।'

मैं देख सकता था कि वह जानना चाहती थी मैं क्या कहने जा रहा हूँ; इतने ध्यान से सुन रही थी कि मुँह बाये वह खड़ी रही, और बड़ी भद्दी लगने लगी थी। वह खड़ी है अपने हाथ में स्कार्फ़ लिए, सफ़ेद रेशमी स्कार्फ़ जो उसने अपने गले से उतारा है। मैं भी अपनी जैकेट तेज़ी से उतार डालता हूँ।

'भगवान के लिए वापस पहन लो उसे', वह ज़ोर से कहती है। 'ऐसा नहीं करना चाहिए तुम्हें! तुम मुझसे इतने नाराज़ हो? ओह, मेहरबानी से पहन लो इसे, नहीं तो भीग जाओगे।'

मैं जैकट पहन लेता हूँ।

'कहाँ जा रही हो तुम?' मैं ख़फ़गी से पूछता हूँ।

'कहीं भी नहीं...। मेरी समझ से बाहर है कि तुम इस तरह अपनी जैकेट क्यों उतारना चाहते हो...।'

'बैरन का क्या किया है तुमने आज?' मैं बोलता रहा। 'निश्चित ही इस मौसम में काऊँट समुद्र तो नहीं गया होगा?'

'ग्लान मैं कुछ कहना चाहती हूँ तुमसे...।'

मैंने टोक दिया उसे : 'क्या आप ड्यूक को मेरा प्रणाम देंगी?'

हम एक-दूसरे की ओर देखते हैं, मैं तैयार बैठा हूँ उसे टोकने के लिए, जैसे ही वह मुँह खोलेगी। अन्ततः उसके चेहरे पर पीड़ा का भाव उभर आता है; मैं वहाँ से हटते हुए कहता हूँ, 'मज़ाक़ नहीं कर रहा हूँ मैं, आप शहज़ादे को विदा क्यों नहीं कर देतीं, मिस एदवार्दा? वह आदमी आपके लायक नहीं है। मैं विश्वास दिलाता हूँ आपको कि वह इतने दिन यही सोचता रहा है कि आपको अपनी पत्नी बनाये या नहीं और यह तो यकीनन आपके लिए ठीक नहीं है।'

'यह बात हम न करें, प्लीज़। ग्लान, मैं तुम्हारे बारे में सोचती रही हूँ; तुम ही ऐसे शख़्स हो जो अपनी जैकेट उतारकर दूसरे को दे दोगे और ख़ुद भीगते रहोगे। मैं तुम्हारे पास आयी हूँ...।'

मैं कन्धे उचकाकर जारी रहता हूँ, 'मैं तो डॉक्टर को प्रस्तावित करूँगा आपके लिए। उसके ख़िलाफ़ क्या कहा जा सकता है? चढ़ती जवानी है, तेज़ दिमाग है। सोच लें आप।'

'एक क्षण सुनो तो सही...।'

'मेरा कुत्ता ईसप झोंपड़ी में मेरी प्रतीक्षा कर रहा है।'

मैंने टोपी उठायी, दोबारा नमन किया और बोला, 'मैं तुम्हें नमस्कार करता हूँ, सुन्दर कन्या।'

और यह कहकर में चल दिया।

वह कराह उठी : 'नहीं, मेरा दिल चीर न ले जाओ मुझसे। आज मैं तुम्हारे पास आयी हूँ, यहाँ तुम्हारी प्रतीक्षा में खड़ी रही थी मैं, और तुम्हें आते हुए देखकर मुस्करायी थी। कल मैं बिलकुल पागल हो गयी थी, मेरा सिर घूम रहा था और मैं पूरा समय तुम्हारे बारे में सोच रही थी। आज मैं घर बैठी थी और कोई भीतर चला आया, मैंने ऊपर नहीं देखा लेकिन मैं जानती थी वह कौन था। कल मैंने आधा मील नाव चलायी, वह बोला। थके नहीं तुम? मैंने पूछा। हाँ, बहुत! और मेरे हाथों में छाले भी हो गये हैं, वह बोला, और वह बड़ा दुःखी था उन्हें लेकर। और मैंने सोचा : सोचो ज़रा, कैसी चीज़ से परेशान है यह आदमी! थोड़ी देर बाद वह बोला, 'कल रात मैंने अपनी खिड़की के बाहर कुछ खुसफुसाहट सुनी; तुम्हारी नौकरानी तुम्हारी दुकान के सहायक से अंतरंग वार्तालाप कर रही थी। हाँ, उनकी शादी होने वाली है, मैंने कहा। लेकिन यह तो रात दो बजे की बात है! तो फिर? मैंने कहा; और फिर मैंने यह कहा : रात उनकी अपनी है। फिर उसने सुनहरे फ़्रेम वाला अपना चश्मा नाक पर ज़रा ऊपर

सरकाया और बोला : लेकिन फिर भी, देर रात, तुम नहीं सोचती यह ख़राब लगता है? मैंने तब भी ऊपर नहीं देखा, और दस मिनट तक वैसे ही बैठे रहे हम लोग। तुम्हारे कन्धों पर ओढ़ाने शॉल लेकर आऊँ? उसने पूछा। नहीं, शुक्रिया, मैंने जवाब दिया। अगर मैं तुम्हारा नन्हा-सा हाथ थामने की जुर्रत कर सकता! वह बोला। मैंने कोई जवाब नहीं दिया, मेरा ध्यान कहीं और था। उसने मेरी गोद में एक छोटी-सी डिबिया रख दी, मैंने उसे खोला और उसमें एक ब्रूच रखा था। ब्रूच पर एक किरीट बना था और मैंने उसमें जड़े दस नगों को गिना...। ग्लान, वह ब्रूच मेरे पास इस समय है; तुम देखना चाहोगे? पाँव तले रौंदा गया था उसे, देखो कैसे बुरी तरह टूट-फूट गया है...। तो, मुझे क्या करना है इस ब्रूच का? मैंने पूछा। तुम्हारे श्रृंगार के लिए है, उसने कहा। लेकिन मैंने उसे ब्रूच वापस दे दिया और कहा : छोड़ दो मुझे, मेरे मन में कोई और है। और कौन? उसने पूछा। वह जो जंगल में शिकार करता है, मैं बोली। उसने मुझे उपहार-स्वरूप सिर्फ़ दो सुन्दर पंख ही दिये थे; लेकिन तुम ब्रूच वापस ले लो अपना! लेकिन उसने वापस लेने से इनकार कर दिया। फिर मैंने पहली बार उसकी ओर देखा; उसकी आँखें बहुत पैनी थीं। मैं नहीं वापस लूँगा यह ब्रूच, तुम जो मन में आये करो इसके साथ, कुचल दो पैरों तले। वह बोला। मैं उठ खड़ी हुई और एड़ी के नीचे रखकर मैंने कुचल दिया उसे। यह आज सुबह की बात है...। कई घंटे तक इन्तज़ार करती रही मैं और दोपहर के भोजन के बाद घर से निकल पड़ी। वह मुझे रास्ते में मिला। कहाँ जा रही हो तुम? उसने पूछा। ग्लान के पास! मैंने जवाब दिया। उससे याचना करने कि वह मुझे भूल न जाए...। मैं एक बजे से यहाँ खड़ी प्रतीक्षा कर रही हूँ; मैं एक पेड़ के पास खड़ी थी और तुम्हें आते हुए देख रही थी, तुम किसी ख़ुदा की तरह दिख रहे थे। मुग्ध हो गयी थी मैं—तुम्हारी काया, तुम्हारी दाढ़ी, तुम्हारे कन्धे, तुम्हारी हर चीज़ पर मुग्ध थी मैं...। अब तुम बेसब्र हो रहो हो न, तुम चले जाना चाहते हो, बस चल देना चाहते हो न यहाँ से। मैं कुछ नहीं हूँ तुम्हारे लिए, तुम मेरी ओर देख तक नहीं रहे...।'

मैं रुक गया था। जब उसने बोलना बन्द किया मैंने फिर से चलना शुरू कर दिया। मैं दुःख से निढाल हो चुका था, और मुस्करा रहा था; मेरा दिल सख़्त था।

'ओ हाँ', मैंने कहा, फिर कुछ देर रुककर बोला, 'तुम कुछ बताना चाहती

थीं मुझे, नहीं?'

मेरे इस व्यंग्य से वह थक गयी मुझसे।

'कुछ था मेरे पास तुमसे कहने के लिए? लेकिन मैं तो कह चुकी हूँ, तुमने सुना नहीं? नहीं, कुछ नहीं है, तुमसे कहने को मेरे पास और कुछ भी नहीं है...।'

उसकी आवाज़ में एक अजीब-सा कम्पन है, लेकिन मुझ पर इसका कोई असर नहीं होता।

24

अगले दिन एद्वार्दा मेरी झोंपड़ी के बाहर खड़ी मिलती है मुझे।

मैं रात-भर सोचता रहा था और अपना मन बना चुका था। आख़िर मैं अस्थिर मनःस्थितियों वाले इस जीव, इस मछुआरिन-छोकरी, इस अज्ञानी व्यक्ति से इस क़दर चकाचौंध क्यों रहूँ, क्या उसके नाम ने मेरे दिल में काफ़ी समय बैठकर एकदम चूस नहीं लिया था उसे? बहुत हो गया अब! तिस पर मुझे यह भी सूझा कि उसके साथ तिरस्कार और उपेक्षा से पेश आकर मैं उसके ज़्यादा क़रीब आ गया था। कितनी ग़ज़ब खिल्ली उड़ायी थी मैंने उसकी; कई मिनट तक जब वह बोलती रही थी, कितने आराम से मैंने कहा था : 'ओ, हाँ, तुम कुछ बताना चाहती थीं मुझे?'

वह उस बड़े शिलाखण्ड के पास खड़ी थी। वह बहुत उत्तेजित थी और मेरी ओर दौड़ी चली आने को हो रही थी, उसने अपनी बाँहें फैला भी दी थीं, लेकिन फिर वह रुककर हाथ मलने लगी। मैंने अपनी टोपी उठाकर हल्का-सा झुककर उसका अभिवादन किया।

'मैं तुमसे आज एक ही चीज़ पूछना चाहती हूँ, ग्लान', वह आग्रहपूर्वक बोली। मैंने कोई हरक़त नहीं की, ताकि मैं सुन सकूँ कि वह क्या कहने जा रही थी। 'मैंने सुना है तुम लोहार के घर गये थे। एक शाम की बात है यह। ईवा घर पर अकेली थी।'

मैं इस सवाल के लिए तैयार नहीं था और बोला, 'यह जानकारी तुम्हें किससे मिली है?'

'मैं कोई जासूसी नहीं करती', वह बोली। 'मैंने कल रात ही सुना था, मेरे पिता ने बताया था मुझे।' रात जब मैं बुरी तरह भीगी हुई घर पहुँची, मेरे पिता

ने कहा, 'आज तुमने बैरन की बेइज़्जती की है।' 'नहीं,' मैंने जवाब दिया। फिर उन्होंने पूछा, 'कहाँ से आ रही हो इस वक्त?' मैंने जवाब दिया, 'ग्लान से मिलकर।' और फिर मेरे पिता ने मुझे बताया।

मैं अपने अवसाद से जूझता हूँ और जवाब देता हूँ, 'और तो और, ईवा भी यहाँ आ चुकी है।'

'यहाँ भी आ चुकी है वह? झोंपड़ी में?'

'कई बार। मैं ही भीतर ले जाता रहा हूँ उसे। हम एक-दूसरे से बातें करते रहते थे।'

'यहाँ भी!'

ख़ामोशी। बिदक मत जाना! मैं खुद से कहता हूँ; और फिर ऊँची आवाज़ में कहता हूँ! 'क्योंकि तुम मेरे मामलों में दख़लअन्दाज़ी करने की मेहरबानी कर ही रही हो, मैं भी पीछे नहीं हटूँगा। कल मैंने तुम्हें सुझाव दिया था कि तुम डॉक्टर को ले लो; क्या तुमने विचार किया है इस पर? क्योंकि, यकीनन, शहज़ादा तो नामुराद है।'

उसकी आँखों में गुस्सा भड़क उठा।

'वह बिलकुल नामुराद नहीं है, मैं बता रही हूँ तुम्हें!'

वह बहुत जोश में बोली, 'नहीं, वह तुमसे कहीं बेहतर आदमी है; किसी के घर में वह कप और गिलास तोड़े बिना रह सकता है और मेरे जूतों को नुक़सान नहीं पहुँचाता। हाँ, उसे मालूम है लोगों से कैसे पेश आना चाहिए; लेकिन तुम तो बिलकुल हास्यास्पद हो, मुझे शर्म आती है तुम्हारे बारे में सोचकर, तुम असहनीय हो—समझे?'

उसके शब्दों का मुझ पर गहरा असर हुआ; मैं सिर झुकाकर बोला, 'तुम ठीक कहती हो मुझे लोगों से मिलने-जुलने का तौर-तरीका ठीक से पता नहीं है। रहम करो मुझ पर; तुम मुझे नहीं समझतीं; मैं जंगल में रहना ज़्यादा पसन्द करता हूँ, इसी में मैं खुश हूँ। यहाँ, जब अकेला होता हूँ मैं, किसी को इस बात से ठेस नहीं पहुँचती कि मैं जैसा हूँ वैसा हूँ; लेकिन जब मैं दूसरों से मिलता हूँ मेरा रेशा-रेशा तन जाता है ठीक से पेश आने में। पिछले दो सालों में मैं शायद ही लोगों की सोहबत में रहा हूँ...।'

'तुम्हारे साथ रहते समय हमेशा बुरी से बुरी वारदात के लिए तैयार रहना पड़ता है', वह बोलती रही। 'अन्त में इनसान थक जाता है तुम पर नज़र

रखते-रखते।'

कितनी बेरहमी से कहा था उसने यह! मुझे गहरी ठेस पहुँचती है और मैं उसकी तल्ख़ी से बुरी तरह लड़खड़ा जाता हूँ। एद्वार्दा ने अभी बात ख़त्म नहीं की थी, वह बोली, 'शायद तुम ईवा को मना सकते हो कि वह तुम्हारा ख़्याल रखे। कितने दुख की बात है कि वह शादी-शुदा है।'

'ईवा? तुमने कहा ईवा शादी-शुदा है?' मैंने पूछा।

'हाँ, शादी-शुदा है।'

'किससे शादी हुई है उसकी?'

'निश्चित ही तुम जानते हो। वह लोहार से ब्याही हुई है।'

'क्या वह उसकी बेटी नहीं है?'

'नहीं, वह उसकी पत्नी है, तुम्हें क्या लगता है मैं यहाँ खड़ी-खड़ी तुमसे झूठ बोल रही हूँ?'

मैं सोच भी नहीं सकता था, इतना चकित रह गया था। मैं वहीं का वहीं खड़ा रह गया और सोचने लगा : ईवा शादी-शुदा है?

'तो सही चुनाव किया है तुमने, नहीं?' एद्वार्दा कहती है।

इस बात का कोई अन्त नहीं था! मैं गुस्से से काँप रहा था, और बोला, 'लेकिन तुम तो डॉक्टर को ले लो, जैसा मैंने सुझाया था तुम्हें। एक दोस्त की सलाह मानो; खूसट शहज़ादा तो मूरख है।' और अपनी उत्तेजित मनःस्थिति में उसके बारे में मनगढ़न्त बातें करने लगा। मैंने कहा कि वह बड़ी उम्र का है, गंजा है और लगभग अन्धा है, और यह सूचना भी दी कि वह अपने ओहदे की शेखी मारने की मंशा से ही अपनी कलाई के बटनों पर किरीट की आकृति लिए-लिए घूमता है। 'उसे जानने की कोई अहमियत नहीं है मेरे लिए', मैं बोला। 'उसमें कोई विशिष्टता नहीं है, वह बेबुनियाद है, कुछ भी नहीं है वह।'

'लेकिन वह कुछ तो है, कुछ तो है वह', वह चिल्लायी और उसकी आवाज़ गुस्से के मारे काँपने लगी। 'जंगली आदमी, तुम जो सोचते हो उसके बारे में, उससे कहीं ज़्यादा अच्छा है वह। लेकिन रुको ज़रा। उफ़, वह बात करेगा तुमसे, मैं कहूँगी उससे। तुम्हें विश्वास नहीं है न मैं उससे प्रेम करती हूँ, लेकिन तुम्हें पता चल जाएगा तुम ग़लत हो। मैं उससे शादी करूँगी, और दिन-रात उसके बारे में सोचूँगी। याद रखना मैंने क्या कहा है : मैं उससे प्रेम करती हूँ। ईवा को आने दो, होहो! भगवान के लिए, आने दो उसे, यह मेरे लिए इतना ज़रूरी है

कि मैं बता नहीं सकती! लेकिन अब मुझे चलना चाहिए...।''

झोंपड़ी के सामने से गुज़रते हुए रास्ते से वह चल दी; कुछ कदम तेज़ी से चलकर, उसने फिर पलटकर देखा, उसका चेहरा मौत-सा ज़र्द था और वह कराही : 'मेरी आँखों के सामने फिर कभी मत आना तुम।'

25

पत्ते पीले पड़ चुके थे, आलू के पौधे लम्बे हो गये थे और उनमें अँखुए फूट आये थे, शिकार का मौसम फिर शुरू हो चुका था; मैं सफ़ेद और काले तीतरों और ख़रगोशों का शिकार करने लगा; एक दिन मैंने उकाब का शिकार भी किया। प्रशान्त, निरभ्र आकाश, हल्की ठण्डी रातें, साफ़ सुनायी देते हुए बहुत से स्वर और जंगल और खेतों से आती हुईं बेहद प्यारी ध्वनियाँ। पृथ्वी विश्राम कर रही थी, विशालकाय और शान्त...।

''मैंने उसके बारे में कुछ नहीं सुना जो शिकार किया था मैंने', मैंने डॉक्टर से कहा।

'तुम्हें एद्वार्दा का शुक्रिया अदा करना चाहिए', उसने जवाब दिया। 'मुझे पता है; मैंने खुद सुना था उसे जब वह इस बात को आगे बढ़ने से रोक रही थी।'

'मुझसे कोई कृतज्ञता नहीं मिलने वाली उसे', मैं बोला...।

भीषण गर्मी, भीषण गर्मी। ज़र्द पड़ते हुए जंगलों में फ़ीतों की तरह फहरा रही थीं पगडण्डियाँ, हर रोज़ एक नया सितारा निकल आता था, चन्द्रमा किसी साये की तरह मद्धिम दिखायी देता था, सोने की छाया चाँदी में डूबी हुई...।

'भगवान तुम्हारा भला करे। ईवा, क्या तुम सचमुच शादी-शुदा हो?'

'तुम्हें नहीं मालूम था?'

'नहीं मालूम था मुझे।'

वह ख़ामोशी से मेरा हाथ दबा देती है।

'भगवान तुम्हारा भला करे बच्ची मेरी, अब हम क्या करेंगे?'

'जो तुम चाहो। तुम अभी से मुझसे अलग तो नहीं हो जाओगे न शायद; जब तक तुम यहाँ हो, मैं खुश हूँ।'

'नहीं, ईवा।'

'हाँ, हाँ—जब तक तुम यहाँ हो।'

वह बहुत निरीह लग रही है और पूरा समय मेरा हाथ दबाती रहती है।

'नहीं, ईवा, तुम्हें निकल जाना चाहिए! बहुत हो चुका!'

रातें गुज़रती हैं और दिन निकलते हैं। इस बातचीत को तीन दिन हो गये हैं। ईवा जंगल के रास्ते से गट्ठर उठाए चली आती है। कितनी लकड़ी घर ढोकर लायी है यह बच्ची इन गर्मियों में!

'अपना बोझा नीचे रख दो, ईवा और मुझे देखने दो तुम्हारी आँखें उतनी ही नीली हैं क्या।'

उसकी आँखें सुर्ख़ थीं।

'नहीं नहीं, ईवा, तुम्हें मुस्कराना चाहिए एक बार फिर! मैं रोक नहीं पाऊँगा खुद को; मैं तुम्हारा हूँ, तुम्हारा...।'

शाम। ईवा गा रही है; मैं उसे गाते हुए सुनता हूँ और गुनगुनी-सी रोशनी महसूस होती है मुझे।

'आज रात तुम गा रही हो, ईवा?'

'हाँ, मैं खुश हूँ।'

और क्योंकि वो मुझसे छोटी है, वह थोड़ा उछलकर अपनी बाँहें मेरे गले में डाल देती है।

'पर ईवा, तुम्हारे हाथ तो फट रहे हैं और खरोंचें भी हैं देखो! हे भगवान, काश घायल न हुए होते तुम्हारे हाथ!'

'कोई फ़र्क नहीं पड़ता।'

उसका चेहरा अद्‌भुत दमक रहा है।

'ईवा, क्या तुमने श्रीमान माक से बात की है?'

'हाँ, एक बार।'

'उन्होंने क्या कहा, और तुमने क्या कहा?'

'हम लोगों के साथ बहुत सख़्ती से पेश आ रहे हैं वे, मेरे पति से दिन-रात बन्दरगाह पर काम करवाते हैं, और मुझसे भी हर क़िस्म का काम लेने लगे हैं। अब तो मुझसे मर्दों वाले काम करने को भी कहते हैं।'

'ऐसा क्यों कर रहे हैं वे?'

ईवा नीचे देखने लगती है।

'ऐसा क्यों कर रहे हैं वे, ईवा?'

'क्योंकि मैं तुमसे प्रेम करती हूँ।'

'लेकिन उन्हें कैसे मालूम है?'

'मैंने बताया था।'

ख़ामोशी।

'हे ईश्वर, काश वे तुमसे इतनी सख़्ती से पेश न आते।'

'लेकिन कोई फ़र्क नहीं पड़ता। अब तो बिलकुल कोई फ़र्क नहीं पड़ता' और जंगल में उसकी आवाज़ किसी नन्हे से स्पन्दित गीत की तरह सुनायी दे रही थी।

और पत्ते ज़्यादा से ज़्यादा ज़र्द हो जाते हैं, पतझड़ शुरू होने वाला है, आसमान में और सितारे निकल आये हैं, और चन्द्रमा अब सोने में डूबे हुए चाँदी के साये की तरह दिखने लगा है। कोहरा बिलकुल नहीं था, कुछ भी नहीं, सिर्फ़ एक शीतल निश्शब्दता। और जंगल में जीवन का बाहुल्य। हर दरख़्त खड़ा होकर सोच रहा था। वनबेरियाँ पक चुकी थीं।

फिर बाईस अगस्त आ गयी और तीन लौह रातें।

26

पहली लौह रात्रि।

शाम नौ बजे सूरज डूब जाता है। पृथ्वी अन्धकार की एक धुन्ध में लिपटी है, कुछ सितारे दिखायी देते हैं और दो घंटे के बाद चन्द्रमा की रोशनी। मैं अपने कुत्ते और अपनी बन्दूक के साथ जंगल निकल जाता हूँ, आग जलाता हूँ और देवदार के तनों के घेरे में लौ चमकती है। कोहरा नहीं है।

लौह रातों की पहली रात! मैं कहता हूँ। और इस समय इस जगह अपने होने के एहसास से, खुशी की एक ज़बरदस्त और हैरतअंगेज़ लहर मेरे भीतर से गुज़रती है, और मैं द्रवित हो उठता हूँ...।

'सलामत रहें मनुष्य और पशु और पक्षी, जंगल में सूनी रात, जंगल में! सलामत रहे अँधेरा और दरख़्तों में सरगोशियाँ करता खुदा, मेरे कानों में ख़ामोशी की सरल-सच्ची लय, सलामत रहें हरे पत्ते और पीले पत्ते! ज़िन्दगी की वे आहटें सलामत रहें जो मैं सुन रहा हूँ, घास में सूँघती हुई कोई थूथन, ज़मीन

पर सुड़कता हुआ कुत्ता। अँधेरे में, गौरैया पर झपट्टा मारने की तैयारी में, गर्दन ज़मीन तक झुकाये, घात में बैठी हुई जंगली बिल्ली शान से सलामत रहो तुम! सलामत रहे ज़मीन पर छायी हुई रहीम ख़ामोशी, आधा चाँद और सितारे, हाँ यह भी और वे सब भी!...'

मैं उठ खड़ा होता हूँ और सुनता हूँ। किसी ने मुझे नहीं सुना। मैं बैठ जाता हूँ।

'मैं शुक्रगुज़ार हूँ सूनी रात के लिए, पहाड़ियों के लिए, अन्धकार और समुद्र की सरगोशियों के लिए...मेरे अन्तस में खुसफुसाती हैं वे। मैं अपने जीवन के लिए शुक्रगुज़ार हूँ, अपने श्वास के लिए, आज रात जीवित होने के लिए, मैं तहे-दिल से शुक्रगुज़ार हूँ इस सबके लिए! पूरब में सुनो और पश्चिम में सुनो, लेकिन सुनो! यही शाश्वत ईश्वर है! मेरे कानों में सरसराती इस ख़ामोशी में तमाम कुदरत उमग रही है, संसार और मेरे अन्तस को पिरोता हुआ ईश्वर है यह। आग की लौ में मैं जाले के एक रेशे को चमकता हुआ देख रहा हूँ, बन्दरगाह में किसी कश्ती को खेने की आवाज़ सुन रहा हूँ, उत्तरी आकाश में चढ़ती हुई उत्तरी रोशनियाँ। उफ़, अपनी आत्मा के अमरत्व से मैं शुक्रगुज़ार हूँ कि यह मैं हूँ यहाँ बैठा हुआ!...'

ख़ामोशी। देवदार का एक कोन हौले से ज़मीन पर गिरता है। मैं सोचता हूँ : एक कोन गिरा है देवदार से! चन्द्रमा काफ़ी ऊपर है, अधजले अंगारों में आग टिमटिमाती है, बुझने से पहले। और मैं देर रात्रि में से होते हुए घर की ओर चल देता हूँ।

दूसरी लौह-रात्रि; वही सन्नाटा और वैसा ही हल्का मौसम। मेरी आत्मा विचारमग्न है। यन्त्रवत मैं एक पेड़ के पास चला जाता हूँ, टोपी सरकाकर आँखों तक ले आता हूँ और हाथ पीछे गर्दन पर रखे, पेड़ से पिट्ठा लगा लेता हूँ। मैं एकटक देखता हूँ और सोचता हूँ, मेरी आग से मेरी आँखें चुँधियाती हैं, लेकिन मुझे कुछ महसूस नहीं होता। कुछ देर मैं इस बेमानी मनःस्थिति में खड़ा रहता हूँ, आग में देखता हुआ। सबसे पहले मेरी टाँगें मेरा साथ छोड़ देती हैं, वे थक जाती हैं, और मैं असहज-सा बैठ जाता हूँ। और यह अभी-अभी मुझे सूझा है कि मैं इतनी देर क्या करता रहा हूँ। मैं आग में इतनी देर क्यों देखता रहा था?

ईसप अपना सर उठाता है और सुनता है, उसे कदमों की आहट सुनायी देती है। दरख़्तों के झुरमुट से ईवा दिख रही है।

'आज रात मैं दुःखी हूँ और बहुत उदास करनेवाले ख़्याल आ रहे हैं मुझे।'

और वह सहानुभूतिवश कोई जवाब नहीं देती।

'मैं तीन चीज़ों से प्रेम करता हूँ', फिर मैं कहता हूँ। 'मैं अपने प्रेम के स्वप्न से प्रेम करता हूँ जो मैंने एक बार देखा था, तुमसे प्रेम करता हूँ, और पृथ्वी के इस टुकड़े से।'

'और सबसे प्रिय क्या है तुम्हें?'

'स्वप्न।'

फिर से ख़ामोशी छा जाती है। ईसप ईवा से परिचित है; वह अपना सर टेढ़ा किए उसे देखता है। मैं बुदबुदाता हूँ : मैंने इस रास्ते पर आज एक लड़की को देखा था; वह अपने प्रेमी की बाँहों में बाँहें डाले घूम रही थी। अपनी आँखों से उसने अपने प्रेमी को दिखाया और मेरे पास से गुज़रती हुई वह अपनी हँसी मुश्किल से रोक पा रही थी।

'किस बात पे हँस रही थी वह?'

'मुझे नहीं मालूम। शायद मुझ पर। क्यों पूछ रही हो तुम?'

'क्या तुम उसे जानते थे?'

'हाँ। मैंने सिर हिलाकर अभिवादन भी किया था उसका।'

'और वह तुम्हें नहीं जानती थी?'

'नहीं, वह मुझे न जानने का स्वाँग कर रही थी...। लेकिन तुम यहाँ बैठी मुझसे सवाल क्यों पूछ रही हो? घिन होती है मुझे। तुम उसका नाम नहीं उगलवा सकतीं मुझसे।'

ख़ामोशी।

मैं फिर से बुदबुदाता हूँ : 'वह किस बात पर हँस रही थी? वह इश्कबाज़ लड़की है; लेकिन वह किस बात पर हँस रही थी? खुदा के वास्ते, मैंने क्या बिगाड़ा है उसका?'

ईवा जवाब देती है, 'तुम पर हँसकर बहुत घिनौना काम किया है उसने?'

'नहीं, घिनौना काम नहीं किया है उसने।' मैं चिल्लाता हूँ। 'तुम यहाँ बैठकर गालियाँ नहीं दे सकतीं उसे। वह कभी कुछ भी घिनौना नहीं करती। और उसने ठीक किया मुझ पर हँस कर। चुप हो जाओ, छोड़ो इस बात को, और तंग मत करो मुझे, सुना तुमने?'

और ईवा, सहमकर, मुझे मेरे हाल पर छोड़ देती है। मैं उसे देखता हूँ और

अपने कटु शब्दों से एकदम आत्म-ग्लानि होती है मुझे; मैं उसके सामने गिर जाता हूँ और हाथ मलने लगता हूँ।

'तुम घर जाओ, ईवा। मैं सबसे ज़्यादा तुमसे प्रेम करता हूँ; मैं किसी स्वप्न से कैसे प्रेम कर सकता था? मैं मज़ाक़ कर रहा था, मैं तुमसे प्रेम करता हूँ। अब तुम घर जाओ, मैं कल आऊँगा तुमसे मिलने। याद रखना मैं तुम्हारा हूँ, हाँ बिलकुल मत भूलना। शुभरात्रि।'

और ईवा घर चली जाती है।

तीसरी लौह-रात्रि; अत्यधिक तनावपूर्ण रात। कुछ कोहरा ही होता अगर! कोहरे के स्थान पर दिन के सूर्य की विलम्बित तपिश थी; रात किसी गर्म दलदल की तरह थी। मैंने आग जलाने के लिए लकड़ियाँ लगाना शुरू कीं...।

'ईवा, कुछ ऐसे क्षण भी होते हैं जब बालों से घसीटे जाने में परम आनन्द की अनुभूति होती है। इतना विकृत हो जाता है मन। आपको बालों से पकड़ कोई पहाड़ पर घसीट ले जाये या वादी में; और अगर कोई पूछे कि क्या हो रहा है, तो आप परम आनन्द में जवाब देते हैं : मुझे बालों से घसीटा जा रहा है! और अगर वे पूछें : लेकिन क्या हम तुम्हारी मदद नहीं कर सकते, बचा नहीं सकते तुम्हें? तो आप कहते हैं : नहीं। और अगर वे पूछें : लेकिन तुम सह सकते हो? तो आप जवाब देते हैं : हाँ, मैं सह सकता हूँ, क्योंकि मुझे उस हाथ से प्रेम है जो मुझे घसीट रहा है...। तुम्हें मालूम है, ईवा, उम्मीद में जीने का क्या अर्थ है?'

'हाँ, ऐसा लगता है मुझे।'

'तुम जानती हो, ईवा, उम्मीद बड़ी विचित्र चीज़ है, बहुत रहस्यमयी। एक सुबह आप किसी पगडण्डी पर चल रहे होते हैं, उसे मिलने की उम्मीद में, जिसे आप चाहते हैं। और मुलाक़ात होती है क्या? नहीं। क्यों नहीं? क्योंकि वह शख़्स उस सुबह व्यस्त होता है और बिलकुल कहीं और ही होता है...। कभी मैं एक बूढ़े-अन्धे लापी आदमी को जानता था। अट्ठावन साल उसने कुछ नहीं देखा था, और अब वह सत्तर का था। वह कल्पना करने लगा था कि समय चलते उसे बेहतर दिखायी देने लगा है; उसे लगता था कि स्थिति धीरे-धीरे सुधर रही है। अगर सब ठीक-ठाक रहा तो दो-एक साल में उसे सूर्य दिखायी देने लगेगा। उसके बाल अभी तक काले थे, लेकिन उसकी आँखें पूरी सफ़ेद थीं। उसकी घास की झोंपड़ी में बैठे एक दिन जब हम धूम्रपान कर रहे थे, वह उन

सभी चीज़ों के बारे में बात करने लगा जो उसने अन्धे होने से पहले देखी थीं। वह हट्टा-कट्टा आदमी था, एकदम स्वस्थ, भावुक बिलकुल नहीं था, कुछ नहीं बिगड़ सकता था उसका, और उम्मीद क़तई नहीं छोड़ी थी उसने। जब मैं जाने लगा, वह मेरे साथ बाहर आया और चारों ओर इशारे करके मुझे समझाने लगा। यह दक्षिण है, वह बोला, और यह उत्तर है; पहले तुम उस तरफ़ जाओगे, और थोड़ा नीचे उतरकर दूसरी तरफ़ मुड़ जाओगे। बिलकुल ठीक! मैं जवाब देता हूँ। फिर वह लापी आदमी अपनी नन्ही सी सन्तुष्ट हँसी हँसा और बोला, 'चालीस या पचास साल पहले मैं यह नहीं जानता था, तो मैं ज़रूर पहले से बेहतर देख सकता होऊँगा। धीरे-धीरे स्थिति सुधर रही है। फिर वह झुका और अपनी घास की झोंपड़ी में रेंग गया, अपनी सदाबहार घास की झोंपड़ी, पृथ्वी पर उसका घर। और पहले की तरह ही वह आग के सामने जाकर बैठ गया, इस उम्मीद से भरा हुआ कि कुछेक सालों में वह सूर्य को देख सकेगा...। ईवा उम्मीद सचमुच बड़ी विचित्र चीज़ है। मिसाल के तौर पर, मैं उम्मीद करता हूँ अब कि मैं उस शख़्स को भूल जाऊँगा जो आज सुबह पगडण्डी पर दिखायी नहीं दिया था।'

'तुम कितनी विचित्र बातें करते हो।'

'यह लौह-रात्रियों में तीसरी रात है। मैं वादा करता हूँ, ईवा, कल तक मैं बिलकुल बदल जाऊँगा। अब मुझे अकेला छोड़ दो। कल सुबह तुम मुझे पहचान नहीं पाओगी। मैं हँसूँगा और चूमूँगा तुम्हें, मेरी सबसे प्यारी लड़की। याद रखना, मेरे पास सिर्फ़ आज की रात है, और फिर मैं एक अलग ही आदमी बन जाऊँगा, बस कुछ ही घंटों में। शुभ-रात्रि, ईवा!'

'शुभ-रात्रि।'

मैं आग के क़रीब सरक आता हूँ और लपटों को देखता हूँ। किसी टहनी से देवदार का कोन गिरता है, फिर एक दो सूखी नन्ही टहनियाँ। रात्रि किसी अतल गहराई की तरह है। मैं आँखें मूँद लेता हूँ।

एक घंटे बाद, मेरी सारी इन्द्रियाँ लय में धड़कने लगती हैं, मैं इस महामौन से शिंजित हो रहा हूँ, उसकी संगत में बज रहा हूँ। मैं ऊपर अर्ध-चन्द्रमा को आसमान में एक सफ़ेद सीपी की तरह खड़े हुए देखता हूँ और उसके प्रति विराट प्रेम की अनुभूति होती है मुझे, और मैं खुद को सुर्ख़ पड़ते हुए महसूस करता हूँ। 'यह चन्द्रमा है', मैं उन्माद में, हौले से उच्चारता हूँ, 'यह चन्द्रमा है।' और

मेरा हृदय उसकी ओर कोमलता से धड़कता है। कई मिनट गुज़र जाते हैं। हल्की-सी हवा उठती है, अप्राकृतिक हवा का एक झोंका मुझे लगता है, हवा का एक विचित्र-सा धक्का। क्या है यह? मैं चारों ओर देखता हूँ और कोई नहीं है। हवा मुझे पुकारती है और मेरी आत्मा नमन करती है, मैं खुद को अपने प्रसंग से उठता हुआ महसूस करता हूँ, किसी अदृश्य उर में सिमटता हुआ, मेरी आँखों में आँसू उमड़ आते हैं, मैं काँपता हूँ—ईश्वर कहीं आसपास खड़ा होकर मुझे देख रहा है। फिर कुछ और क्षण गुज़र जाते हैं। मैं मुड़कर देखता हूँ, वह विचित्र भारी-सी हवा सरक जाती है और मुझे किसी जीवात्मा की पीठ-सा कुछ दिखायी देता है जो जंगल में निश्शब्द घूमती है। मैं कुछ देर एक भारी भावशून्यता से जूझता हूँ; उत्तेजना से निढाल हुए अपने मन से और मृत्यु-सा थक कर, मैं सो जाता हूँ।

जब मैं जगा तो रात बीत चुकी थी।

उफ़, मैं कब से अवसाद में डूबा हूँ, तेज़ बुख़ार में, किसी रोग की चपेट में आने की प्रतीक्षा करता हुआ। सभी कुछ अवरुद्ध था, मैं सब जैसे पीत-रोगी की नज़र से देख रहा था, एक गहन नैराश्य ने मुझे गिरिफ़्त में ले रखा था।

अब इस सबका अन्त हो चुका था।

27

पतझड़ का मौसम है। गर्मी निकल गयी है, जितनी शीघ्र आयी थी उतनी ही शीघ्र बीत भी गयी है। उफ़, कितनी शीघ्रता से बीत गयी है वह! दिन अब ठण्डे हैं, मैं शिकार करता हूँ और मछली पकड़ता हूँ और जंगल में गीत गाता हूँ। कुछ ऐसे दिन होते हैं जब समुद्र से गाढ़ी धुन्ध घुमड़ आती है और हर चीज़ पर झीने अन्धकार में छा जाती है। ऐसे किसी दिन कुछ घटित हुआ। मैं रास्ता भटक गया था और जंगल में बहुत दूर घूमते-घामते हुए डॉक्टर के घर आन पहुँचा। वहाँ कई लोग आये बैठे थे, वे युवतियाँ जिनसे मैं मिल चुका था, नचैया नौजवान, कुलाँचें मारने वाले बछड़े।

एक बग्घी आकर बागीचे के फाटक पर रुकी; भीतर एद्‌वार्दा बैठी थी। मुझे देखकर चौंक गयी वह। 'अलविदा' मैं चुपचाप बोला। लेकिन डॉक्टर ने मुझे रोक लिया। पहले तो एद्‌वार्दा मेरे वहाँ होने से क्षुब्ध थी और जैसे ही मैं कुछ

बोलने लगता वह नीचे देखने लगती। लेकिन कुछ ही देर में वह मुझे सहने लायक स्थिति में आ गयी और मुझसे छोटे-मोटे प्रश्न भी करने लगी। उसका चेहरा ज़ाहिरा तौर पर ज़र्द था, और धुन्ध की सुरमई ठण्ड से आच्छादित। वह बग्घी से नीचे नहीं उतरी।

'मैं काम से आयी हूँ,' वह मुस्कराते हुए बोली।

'मैं अभी-अभी गिरजाघर से होकर आयी हूँ, लेकिन आप लोगों में से कोई वहाँ नहीं था; उन्होंने मुझे बताया कि आप लोग यहाँ हैं। मैं कई घंटे से आप सब को ढूँढ़ती फिर रही हूँ। कल शाम एक छोटी-सी दावत दे रहे हैं हम लोग—बैरन अगले सप्ताह जा रहा है—और मुझसे आप सबको न्यौता देने को कहा गया है। हम लोग नृत्य भी करेंगे। तो कल शाम को आप सबसे मुलाक़ात होगी'।

उन सबने झुककर उसका शुक्रिया अदा किया।

मुझसे उसने अलग से कहा, 'देखो तुम कन्नी मत काट जाना, अच्छा? ऐन वक्त पर कोई बहाना गढ़कर रुक्का मत भेज देना।' यह सब उसने और किसी से नहीं कहा। फिर कुछ ही देर में वहाँ से चल दी वह।

मैं इस अनपेक्षित अनुकम्पा से इतना पिघल गया कि एक क्षण के लिए मैं वहाँ से हटा और खुश हो गया। फिर मैंने डॉक्टर और उसके मेहमानों से इजाज़त ली और घर के लिए निकल पड़ा। कितनी रहमदिली से पेश आयी थी वह मेरे साथ, कितनी रहमदिली से! मैं उसके लिए इसके बदले में क्या कर सकता हूँ? मेरे हाथ सुन्न पड़ गये, कलाइयों में मीठी ठण्डक दौड़ती हुई महसूस हुई मुझे। मेरे ईश्वर, मैंने सोचा, यहाँ मैं खुशी से यूँ सुन्न हुआ जा रहा हूँ कि मुठ्ठी तक भींच नहीं सकता और अपनी निरुपायता में रुआँसा हो उठा हूँ। क्या करूँ मैं इसका?... देर शाम ही मैं घर पहुँच पाया। मैं बन्दरगाह होते हुए जा रहा था और मैंने एक मछुआरे से पूछा कि डाक-नाव कल शाम तक पहुँच जाएगी क्या? नहीं जी, डाक-नाव अगले हफ़्ते किसी रोज़ आयेगी। मैं तेज़ी से अपनी झोंपड़ी पहुँचा और अपने बेहतरीन सूट का मुआयना करने लगा। मैंने उसे अच्छे से बुहारा और साफ़ किया; उसमें यहाँ वहाँ छेद थे और उन छेदों को सिलते समय मैं रोता रहा।

निपटकर, मैं बिस्तर पर जा लेटा। एक क्षण के लिए मैं बिलकुल शान्त हूँ : कुछ सूझता है मुझे और मैं उछलकर उठ जाता हूँ और फ़र्श के बीचोंबीच

भौचक्का-सा खड़ा रह जाता हूँ। 'यह फिर कोई तरक़ीब है!' मैं बुदबुदाता हूँ। अगर मैं वहाँ नहीं होता तो मुझे न्यौता मिलनेवाला नहीं था। और फिर वह यही तो इंगित कर रही थी कि मैं न आऊँ—बहाना बनाकर, रुक्का भेज दूँ उसे...।

उस रात मैं बिलकुल नहीं सोया; और जब सुबह हुई, मैं जंगल में निकल आया, ठिठुरता हुआ बेआराम और ज्वरित। हाँ, सिरिलुंड में दावत की तैयारी चल रही होगी इस वक्त! तो फिर? मैं न जाऊँगा न बहाना बनाकर भेजूँगा। श्रीमान माक बहुत समझदार आदमी हैं, वे बैरन के लिए दावत दे रहे हैं, लेकिन मैं तो नहीं पहुँचूँगा वहाँ, समझे?

घाटी और पहाड़ पर घना कोहरा छाया था, चिपचिपा-सा पाला मेरे कपड़ों से लिपटकर उन्हें भारी करने लगा, मेरा चेहरा ठण्डा और भीगा हुआ था। कभी-कभार ही हवा का झोंका आता था, उनींदे कुहासों को उठाता और गिराता, उठाता और गिराता।

दोपहर बीत रही थी, अँधेरा होने लगा था, कोहरे ने मेरी आँखों से सब ओझल कर दिया था, और सूर्य से दिशा खोजने में कोई मदद नहीं मिल रही थी मुझे। मैं कई घंटे तक घर की ओर चलते हुए भटकता रहा, लेकिन कुछ भी ऐसा नहीं था जो मुझे जल्दी करने को बाध्य करता; बड़ी शान्ति से मैं ग़लत मोड़ मुड़ता रहा और जंगल में अपरिचित जगहों पर पहुँचता रहा। आख़िरकार मैंने एक पेड़ से अपनी बन्दूक टिका दी और अपनी कम्पास निकाल कर देखी। मैंने बड़ी सावधानी से अपना रास्ता खोजा और चलना शुरू किया। आठ या नौ का वक्त होगा।

फिर कुछ हुआ।

आधे घंटे बाद कोहरे के भीतर से मुझे संगीत की आवाज़ सुनायी देती है, और कुछ ही क्षण बाद मैं उस जगह को फिर से पहचान पाता हूँ; मैं सिरिलुंड की मुख्य इमारत के पास खड़ा हूँ। क्या मेरी कम्पास मुझे ठीक उसी जगह ले आयी थी जिससे मैं बचने की कोशिश करता रहा हूँ? एक परिचित आवाज़ मेरा स्वागत करती है—डॉक्टर की आवाज़। कुछ ही देर में मैं अन्दर ले आया गया हूँ।

ओह, शायद मेरी बन्दूक की नली से कम्पास हिल गयी होगी और ग़लत संकेत देने लगी होगी। ऐसा एक बार एक साल पहले ठीक इसी दिन हो चुका

है मेरे साथ। मुझे समझ में नहीं आता मैं क्या सोचूँ इसके बारे में। शायद यही मेरा भाग्य था।

28

पूरी शाम मुझे कड़ुवाहट महसूस होती रही कि मुझे उस दावत में शामिल नहीं होना चाहिए था। किसी ने मेरे आने की ओर ध्यान नहीं दिया, वे सब आपस में ही खूब मस्त थे; एद्‌वार्दा ने शायद ही कोशिश की हो मेरा स्वागत करने की। क्योंकि किसी की मुझमें कोई रुचि नहीं थी मैं खुलकर शराब पीने लगा, लेकिन तब भी मैं वहाँ से हटना नहीं चाहता था।

श्रीमान माक काफ़ी मुस्करा रहे थे और अपना सबसे मिलनसार चेहरा लिये घूम रहे थे; वे अपनी सान्ध्य पोशाक पहने थे और खूब फब रहे थे। वे एक-से-दूसरे कमरे में फुर्ती से घूमते हुए मेहमानों से बतिया रहे थे। बीच-बीच में नृत्य में भाग लेते और हँसी-मज़ाक़ करते हुए। उनकी आँखों में कई राज़ छिपे थे।

पूरा घर संगीत से और आवाज़ों से गूँज रहा था। बड़े कमरे के अलावा जहाँ लोग नाच रहे थे, पाँच कमरे मेहमानों से भरे हुए थे। जब तक मैं पहुँचा वे खाना खा चुके थे। नौकरानियाँ गिलास और वाइन लिये-लिये भागती फिर रही थीं, और साथ में चमकते ताम्बे की कॉफ़ी केतलियाँ, सिगार और पाइप और केक और फल भी। उन्होंने खर्चे में कोई कसर नहीं छोड़ी थी। कमरों के दीपवृक्षों में काफ़ी मोटी मोमबत्तियाँ थीं जिन्हें इस अवसर के लिए ख़ास उँड़ेला गया था; तेल वाले नए लैम्प भी जलाये गये थे।

ईवा रसोई में मदद कर रही थी; मुझे उसकी झलक दिखायी दी। काफ़ी अजीब बात थी कि वह भी मौजूद थी!

बैरन को काफ़ी भाव मिल रहा था, हालाँकि वह ख़ामोश और विनम्र था और खुद को किसी पर थोप नहीं रहा था। वह भी सान्ध्य पोशाक पहने था, जिसकी पिछली पट्टियों में बन्द पड़े रहने के कारण सल पड़ गये थे। वह एद्‌वार्दा से खूब बातें कर रहा था उसे अपनी नज़र से ओझल नहीं होने दे रहा था, उसके संग पी रहा था और डीन और ज़िला सर्जन की लड़कियों समेत उसे भी 'मिस' कहकर सम्बोधित कर रहा था। मुझे उससे लगातार घिन आ रही थी,

और मैं शायद ही उसकी ओर नाक-मुँह सिकोड़े बिना देख पा रहा था। जब-जब भी वह मुझसे मुख़ातिब होता मैं रूखा-सा जवाब देता और फिर तुरन्त अपने ओंठ भींच लेता।

उस शाम की दो-एक घटनाएँ मुझे याद आ रही हैं। मैं एक युवती के साथ खड़े-खड़े बात कर रहा था, उसके बाल सुनहले थे, और मैंने कुछ ऐसा कहा होगा या ऐसी कहानी सुनायी होगी उसे जिसे सुनकर उसे हँसी आ गयी। मुझे इस बात में सन्देह है कि कहानी बहुत गज़ब की रही होगी, पर क्योंकि मैं नशे में था और अब मुझे ठीक से याद भी नहीं कि क्या मैंने वाक़ई रोचक ढंग से सुनायी थी वह कहानी। जो भी हो अब मुझे उस कहानी की कोई स्मृति नहीं है। संक्षेप में, मैंने जब मुड़कर देखा तो एद्वार्दा मेरे पीछे खड़ी थी। उसकी आँखों में सराहना का भाव था।

बाद में मैंने देखा कि वह सुनहले बालों वाली लड़की को एक ओर ले जाकर उससे पूछने लगी कि मैं क्या कह रहा था। मैं बता नहीं सकता कि एक से दूसरे कमरे में किसी निकाल दिये गये आदमी की तरह घूमते रहने के बाद एद्वार्दा की उस निगाह से मैं कितना प्रसन्न हो गया था। फ़ौरन मेरा मन हल्का हो गया और मैं लोगों से बातें करने लगा, काफ़ी मिलनसारी से। जहाँ तक मुझे याद है मुझसे कोई गड़बड़ भी नहीं हुई थी...।

मैं बाहर सीढ़ियों पर खड़ा था। ईवा किसी कमरे से कुछ चीज़ें हाथ में लिए चली आयी। उसने मुझे देखा, वह सीढ़ियों तक आयी और तेज़ी से मेरा हाथ सहलाते हुए मुस्करायी और फिर वापस अन्दर चली गयी। हम दोनों कुछ नहीं बोले। जब मैं उसके पीछे जाने के लिए मुड़ा तो गलियारे में एद्वार्दा खड़ी मुझे देख रही थी। उसने मेरी ओर देखा। वह भी कुछ नहीं बोली। मैं नृत्य-कक्ष में चला आया।

'ज़रा सोचिए, लेफ़्टिनेंट ग्लान बाहर सीढ़ियों पर नौकरों से मिलकर अपना जी बहलाते हैं।' एद्वार्दा ने यकायक ऊँची आवाज में घोषणा की। वह दरवाज़े में खड़ी थी। बहुत से लोगों को उसकी बात सुनायी दी। वह हँस रही थी जैसे मज़ाक़ कर रही हो लेकिन उसका चेहरा एकदम ज़र्द था।

मैंने कोई जवाब नहीं दिया, मैं सिर्फ़ खुसफुसाया : 'यह तो महज़ संयोग था कि वह बाहर आयी और गलियारे में मिल गयी मुझे...।'

कुछ और समय बीत गया, शायद एक घंटा। किसी महिला पर एक

गिलास छलक गया; जैसे ही एद्वार्दा ने देखा, वह चिल्लायी : 'क्या हो रहा है? ज़रूर ग्लान की करामात है यह।'

मैंने कुछ नहीं किया था, मैं उस समय कमरे के दूसरे छोर पर खड़ा था। इस घटना के बाद मैंने बहुत पीना शुरू कर दिया और नाचने वाले लोगों से दूर हटकर दरवाज़े के पास खड़ा रहा।

महिलाएँ बैरन के आसपास जमा होती रहीं, उसे दुःख था कि उसकी जमा की हुई चीज़ें सामान में बँध चुकी थीं, और वह किसी को कुछ नहीं दिखा सकता था : व्हाइट्-सी से लायी गयी समुद्री-शैवाल, कूर टापुओं की मिट्टी, समुद्र तल की विस्मयकारी शैल-भित्ति। महिलाएँ उसकी कलाई के बटनों की ओर जिज्ञासापूर्वक झाँकती रहीं, वे पंचकोणी किरीट जो उसके बैरन होने की निशानी थे। इन परिस्थितियों में डॉक्टर को कोई सफलता नहीं मिल रही थी; उसके मज़ेदार मुहावरे 'मृत्यु और यातना' से भी कुछ ख़ास हरक़त पैदा नहीं हो रही थी। लेकिन जब भी एद्वार्दा कुछ कह रही होती थी, वह हमेशा मौजूद रहता था, उसकी ख़ामियाँ निकालते, उसे अपने वाक्छल से प्रभावित करते और अपनी निश्शंक श्रेष्ठता से उसे दबाकर रखते हुए।

वह बोली, '...जब तक मैं मृत्यु की घाटी को पार न करूँ।'

'क्या पार न करूँ।'

'मृत्यु की घाटी। क्या मृत्यु की घाटी नहीं कहते उसे?'

'मैंने मृत्यु की नदी के बारे में सुना है। यही कहना चाहती थीं न तुम?'

बाद में वह किसी जीव की रक्षा के बारे में बात करने लगी...

'ड्रैगन,' डॉक्टर ने टोका।

'बिलकुल। ड्रैगन-सा ही जीव है वह,' उसने उत्तर दिया।

लेकिन डॉक्टर बोला, 'मैंने बचा लिया है तुम्हें, तुम्हें शुक्रगुज़ार होना चाहिए। मुझे पक्का पता है तुम आर्गुस कहने जा रही थीं।'

बैरन भवें उठाये अपने मोटे चश्मे में से चकित होकर उसे देखने लगा। उसने शायद इस तरह का छिछोरापन कभी नहीं देखा था। लेकिन डॉक्टर पर इसका कोई असर नहीं था। उसे बैरन से क्या लेना-देना था।

मैं दरवाज़े के पास ही खड़ा रहता हूँ। कमरे में नृत्य ठीक-ठाक चल रहा है। मैं पुरोहितआश्रम से आयी हुई मास्टरनी से बातचीत छेड़ने में सफल हो जाता हूँ। हम जंग के बारे में और क्रिमिया में मौजूदा हालत, फ़्रांस में घट रही घटनाओं,

सम्राट की हैसियत से और तुर्क की की रक्षा हेतु नेपोलियन की भूमिका के बारे में बातें करने लगे; वह युवती पूरी गर्मियाँ अख़बार पढ़ती रही थी और मुझे स्थितियों से परिचित करवाने की स्थिति में थी। अन्त में हम सोफ़े पर बैठ जाते हैं और बातें करते रहते हैं।

एद्वार्दा आती है और हमारे सामने खड़ी हो जाती है। अचानक वह कहती है, 'सीढ़ियों पर मेरी वजह से चौंक जाने के लिए लेफ़्टिनेंट मुझे क्षमा करें। मैं फिर कभी ऐसा नहीं करूँगी।'

और वह हँसती रही, बिना मेरी ओर देखे।

'बन्द करो यह प्रसंग, मिस एद्वार्दा', मैं बोला।

उसने मुझे बहुत औपचारिकता से सम्बोधित किया था; उसकी मंशा ठीक नहीं थी और उसकी आँखों में दुष्टता थी। मैंने डॉक्टर के बारे में सोचा और लापरवाही से अपने कन्धे ठीक उसी तरह उचका दिए। वह बोली, 'लेकिन लेफ़्टिनेंट रसोई में क्यों नहीं चले जाते? ईवा वहाँ है। मुझे लगता है उन्हें भी वहीं होना चाहिए।'

और उसने मुझे हिक़ारत भरी निगाह से देखा।

मैं ज़्यादा पार्टियों में शरीक़ नहीं हुआ था, लेकिन मैंने कभी किसी पार्टी में बात करने का यह लहजा नहीं सुना था। मैंने कहा, 'आपको ग़लत समझ लिया जायेगा, इस बात का जोखिम नहीं उठा रही हैं, मिस एद्वार्दा?'

'नहीं। कैसे? हो सकता है, लेकिन कैसे?'

'कभी-कभी आप बिना सोचे-समझे कुछ भी बोल देती हैं। जैसे अभी-अभी मुझे लगा कि आप मुझे बाहर रसोई में निकल जाने को कह रही हैं, और बेशक यह मेरी ग़लतफ़हमी है। मुझे पता है आपकी मंशा मुझसे अभद्र व्यवहार करने की क़तई नहीं है।'

वह हम लोगों से कुछ कदम दूर हट जाती है। मैं अच्छे से देख सकता था कि वह लगातार मेरी बात के बारे में सोच रही थी। वह मुड़ती है और वापस आती है, हाँफ़ती हुई कहती है वह : 'आपको ग़लतफ़हमी नहीं हुई है, लेफ्टिनेंट; आपने ठीक ही सुना है मुझे। मैं आपको बाहर रसोई में निकल जाने को कह रही थी।'

'ओह, लेकिन एद्वार्दा!' मास्टरनी भयभीत होकर कहती है।

और मैं फिर जंग के बारे में और क्रिमिया की परिस्थितियों के बारे में बात

करने लगा; लेकिन मैं कहीं और ही था। मेरा नशा उतर चुका था, मैं बिलकुल बौखला गया था; मेरे पाँवों के नीचे से ज़मीन सरक रही थी, और कई दुखद मौकों की तरह मैं अपना सन्तुलन खो बैठा था। मैं सोफ़े से उठकर बाहर जाना चाहता हूँ। डॉक्टर मुझे रोक लेता है।

'मैंने अभी-अभी किसी को तुम्हारे गुण गाते सुना है,' वह कहता है।

'मेरे गुण? कौन?'

'एद्वार्दा। वह वहाँ कोने में खड़ी है और तुम्हें चमकती हुई आँखों से देख रही है। मैं कभी नहीं भूल सकता; उसकी आँखों को देखकर आप कह सकते हैं कि प्रेम है उसे, और वह साफ़ कह रही थी कि वह तुम्हारी प्रशंसक है।'

'अच्छी बात है!' मैंने हँसकर जवाब दिया। उफ़, मेरे मन में एक भी स्पष्ट विचार नहीं था।

मैं उठकर बैरन के पास गया, उसके ऊपर कुछ यूँ झुका जैसे मैं उससे कुछ कहना चाह रहा था, और जब मैं उसके काफ़ी क़रीब आ गया मैंने उसके कान में थूक दिया। वह उछल कर उठ खड़ा हुआ, मेरी करतूत से हक्का-बक्का। बाद में मैंने देखा कि उसने एद्वार्दा को बता दिया था कि उसके साथ क्या हुआ है, और मैंने देखा कि वह दुःखी थी। बेशक वह उस जूते के बारे में सोच रही थी जो मैंने पानी में फेंक दिया था, उन कपों और गिलासों के बारे में जो मुझसे टूट गये थे, और वे सब बेवकूफ़ियाँ जो लोगों की सोहबत में मुझसे होती रही थीं; और निश्चित ही वे सारी चीज़ें उसकी स्मृति में दोबारा उठ खड़ी हुई थीं। मैं बहुत शर्मसार था, मेरे लिए सब ख़त्म हो चुका था; मैं जिधर भी देखता, मुझे सहमी हुई और विस्मित निगाहों का सामना करना पड़ता। और मैं सिरिलुंड से बिना इजाज़त लिए, बिना किसी का शुक्रिया अदा किए, चुपचाप खिसक आया।

29.

बैरन जा रहा है; तो, अच्छा! मैं अपनी बन्दूक भरकर ऊपर पहाड़ियों में ले जाऊँगा और एद्वार्दा और उसकी शान में ज़ोर से एक गोली दागूँगा। मैं चट्टान में एक गहरा छेद कर दूँगा और उसकी और एद्वार्दा की शान में एक पहाड़ को उड़ा दूँगा। और जब जहाज़ जा रहे होंगे एक बड़ा-सा शैल-खण्ड पहाड़ के

नीचे लुढ़क कर धड़ाम से समुद्र में गिर जाएगा। मैं एक ऐसी जगह को जानता हूँ, जहाँ पहाड़ में एक दरार है, जहाँ से पहले भी पत्थर लुढ़कते रहे हैं और सीधे समुद्र के रास्ते जाते रहे हैं। वहाँ बहुत नीचे, एक छोटी-सी जेट्टी है।

'दो छेद,' मैं लोहार से कहता हूँ।

और लोहार दो बरमों की धार तेज़ करता है...।

ईवा श्रीमान माक के एक घोड़े पर चक्की और बन्दरगाह के बीच सवारी करती है। उसे अनाज और आटे की बोरियाँ ढोने जैसा मर्दाना काम करना पड़ता है। मैं उससे मिलता हूँ और वह अपना खिला हुआ चेहरा लिए बहुत ख़ूबसूरत दिखायी देती है। ईश्वर, कितनी स्नेही और मृदु है उसकी मुस्कान! मैं उससे हर शाम मिलने लगा।

'ऐसा लगता है तुम्हें कोई चिन्ता ही नहीं है, मेरी प्यारी ईवा।'

'तुम मुझे अपनी प्यारी ईवा कहकर बुलाते हो! मैं एक अज्ञानी औरत हूँ लेकिन तुम्हारे प्रति वफ़ादार रहूँगी। मैं तुम्हारे प्रति वफ़ादार रहूँगी चाहे मुझे इसके लिए अपनी जान देनी पड़े। श्रीमान माक का व्यवहार दिन-ब-दिन क्रूर होता जा रहा है, लेकिन मैं इसके बारे में कभी नहीं सोचती। वे मुझ पर बरसते हैं, लेकिन मैं कोई जवाब नहीं देती। वे मेरी बाज़ू पकड़े गुस्से से सियाह पड़ गये थे। एक ही चीज़ की चिन्ता है मुझे।'

'किस चीज़ की चिन्ता है तुम्हें?'

'श्रीमान माक तुम्हें धमका रहे हैं। वे मुझसे कहते हैं : ओह, तो तुम्हारी खोपड़ी लेफ़्टिनेंट के ख़्यालों से भरी है। और मैं जवाब देती हूँ, हाँ, मैं उसकी हूँ। फिर वे कहते हैं, ख़ैर, तुम देखना, मैं जल्दी ही उसका ख़ात्मा कर दूँगा। यह उन्होंने कल कहा था।'

'इसका कोई मतलब नहीं है, उन्हें देने दो धमकी...। आओ ईवा, मुझे देखने दो कि क्या तुम्हारे पाँव हमेशा की तरह नन्हे हैं? अपनी आँखें बन्द करो और मुझे देखने दो।'

और वह अपनी आँखें मूँदे मेरी गर्दन से झूल जाती है। उसका जिस्म काँपता है। मैं उसे उठाकर जंगल में ले जाता हूँ। घोड़ा खड़ा इन्तज़ार करता है।

30

मैं ऊपर पहाड़ियों में बैठा सूराख़ करता हूँ। पतझड़ की हवा मेरे आसपास एकदम स्वच्छ है, बरमे पर हथौड़ी की ताल निरन्तर गूँज रही है। ईसप मेरी ओर विस्मित आँखों से देख रहा है। बीच-बीच में मेरे हृदय में सन्तोष की एक लहर दौड़ जाती है; किसी को मालूम नहीं मैं यहाँ बैठा हूँ।

प्रवासी परिन्दे जा चुके हैं—शुभ यात्रा और लौटने पर आपका स्वागत है! वूल्गुली और काली टोपी और बीच-बीच में बाड़े की गौरैया अब अकेली शैल-मलबे और झाड़ियों के बीच रहती हैं : चीं! चीं! हर चीज़ बड़े विचित्र ढंग से बदल गयी है, बर्च का बौना वृक्ष सुरमई पत्थरों के सामने रक्ताभ बहता है, यहाँ नीले फूल, वहाँ झाड़ियों से उठता हुआ कोई ततैया झूम-झूमकर मधुर गीत गाता हुआ; सुनो! गर्दन निकाले हर चीज़ के ऊपर बगुला उड़ रहा है, पहाड़ों में अपना रास्ता बनाता हुआ।

शाम हो जाती है; मैं अपना बरमा और हथौड़ी एक पत्थर के नीचे रखकर आराम करने लगता हूँ। हर चीज़ नींद में है, चन्द्रमा सरककर उत्तर दिशा में जा पहुँचा है, पहाड़ दानवाकार छायाएँ फेंकते हैं। चन्द्रमा पूरा है और किसी प्रज्वलित द्वीप की तरह दिखायी देता है, पीतल का बना गोलाकार रहस्य जिसके आसपास घूमते हुए मैं अचरज से भर जाता हूँ। ईसप बेचैन है और उठ खड़ा होता है।

'तुम क्या चाहते हो, ईसप? जहाँ तक मेरा सवाल है मैं अपने दुःख से थक गया हूँ, मैं भूल जाना चाहता हूँ, डुबो देना चाहता हूँ उसे। मैं तुम्हें आदेश देता हूँ कि आराम से बैठे रहो, ईसप, मुझे तंग मत करो। ईवा पूछती है : क्या तुम कभी-कभी मेरे बारे में सोचते हो? मैं जवाब देता हूँ : निरा सुख, सुख के सिवा कुछ भी नहीं। फिर ईवा कहती है : तुम्हारे बाल सफ़ेद हो रहे हैं। मैं जवाब देता हूँ, हाँ, सफ़ेद हो रहे हैं। लेकिन ईवा पूछती है : कुछ सोचते रहने से सफ़ेद हो रहे हैं? और मैं जवाब देता हूँ: शायद। अन्त में ईवा कहती है, तो फिर तुम सिर्फ़ मेरे बारे में नहीं सोचते...। आराम से बैठो रहो, ईसप, मुझे कोई और बात करनी चाहिए तुमसे...।

लेकिन ईसप घाटी की दिशा से आती हुई किसी गन्ध को बेचैनी से सूँघ रहा है, वह कुनकुनाता है और मेरे कपड़े खींचता है। आख़िरकार जब मैं उठकर

उसके पीछे जाता हूँ उसे बेहद जल्दी है। वृक्षों के ऊपर एक लाल रोशनी दिखायी देती है, मैं तेज़ चलने लगता हूँ, और मेरी आँखों के सामने आग दिखायी देती है, बहुत बड़ी आग। मैं रुककर घूरता हूँ, कुछ कदम चलकर फिर घूरता हूँ—मेरी झोंपड़ी लपटों से घिरी है।

31

श्रीमान माक का कारनामा थी यह आग, मैं देखते ही ताड़ गया था, मेरी सभी खालें, पक्षियों के पंख, ठुँसा हुआ उक़ाब; सब भस्म हो चुका था। और अब? सिरिलुंड जाकर पनाह लेने के बजाय मैं दो रात खुले आसमान के नीचे पड़ा रहा; अन्त में बन्दरगाह के पास मैंने मछुआरों की एक ख़ाली झोंपड़ी किराए से ले ली, और दरारों को सूखी काई से भर दिया। पहाड़ियों से ठेला-भर झाड़ियाँ लाकर मैंने बिछौना किया। एक बार फिर मेरे पाँव जम गये थे।

एद्‌वार्दा ने सन्देश भेजा कि उसने इस हादसे के बारे में सुना है और वह अपने पिता की ओर से मुझे सिरिलुंड में एक कमरा दिलवाना चाहती है। एद्‌वार्दा द्रवित? एद्‌वार्दा उदार? मैंने कोई जवाब नहीं भेजा। भगवान का शुक्र है कि मेरे पास रहने की जगह थी, और मुझे फ़ख्रभरी ख़ुशी थी कि मैं एद्‌वार्दा की पेशकश को नज़रअन्दाज करने की स्थिति में था। मैं उसे बैरन के साथ सड़क पर मिला और वे बाँह में बाँह डाले घूम रहे थे; चलते-चलते उनके रूबरू होकर मैंने उनका अभिवादन किया।

उसने रुककर पूछा, 'हमारे यहाँ आकर नहीं रहोगे, लेफ़्टिनेंट?'

'मैंने अपने लिए नयी जगह का जुगाड़ कर लिया है,' मैं भी रुककर बोला।

उसने मेरी ओर देखा उसकी छाती हाँफ रही थी।

'हमारे घर रहने से तुम्हारा कुछ नहीं बिगड़ेगा,' वह बोली।

मेरे हृदय में कृतज्ञता सरीखा कोई भाव उमड़ता है, लेकिन मैं कुछ बोल नहीं पाया।

बैरन धीरे-धीरे चलता रहा।

'शायद तुम अब कभी मुझसे मिलना नहीं चाहोगे,' वह बोली।

'मुझे आपका शुक्रिया अदा करना चाहिए, मिस एद्वार्दा, कि आपने मेरी झोंपड़ी जलने पर मुझे शरण देने की सोची,' मैं बोला। 'आपकी और भी नेकदिली है क्योंकि आपके पिता की सहमति तो शायद नहीं ही रही होगी।' और बिना टोपी के सिर से मैंने उसका शुक्रिया अदा किया।

'भगवान के लिए, क्या तुम अब कभी मुझसे मिलना नहीं चाहोगे, ग्लान?' वह अचानक बोली।

बैरन ने आवाज़ लगायी। और मैंने फिर अपनी टोपी उतार दी।

'बैरन बुला रहा है,' मैं बोला।

मैं पहाड़ियों में वापस चला आया सूराख करने। कुछ भी, कुछ भी मुझे आत्म-संयम खोने को मजबूर नहीं कर सकता। मैं ईवा से मिला। 'देखा तुमने!' मैं बोला। 'श्रीमान माक मुझे भगा नहीं सकते। उन्होंने मेरी झोंपड़ी जला डाली और मुझे दूसरी झोंपड़ी मिल भी गयी है... ।' वह कूची और कोलतार भरी बाल्टी उठाए थी। 'अब क्या हुआ है, ईवा?'

श्रीमान माक ने चट्टान के नीचे जेट्टी के पास एक नाव लगा दी थी और उसे कोलतार से पोतने का आदेश दिया था ईवा को। वे उसके हर कदम पर नज़र रखते थे और उसे यह भी मानना ही पड़ेगा।

'लेकिन जेट्टी पर क्यों, बन्दरगाह पर क्यों नहीं?'

श्रीमान माक ने आदेश दिया था कि ऐसे ही किया जाएगी यह काम... ।

'ईवा, मेरी प्यारी ईवा, तुम्हें गुलाम बना लिया गया है और तुम कभी शिकायत नहीं करतीं। देखो, अब तुम फिर से मुस्करा रही हो और तुम्हारी मुस्कान में ज़िन्दगी तरंगें ले रही है हालाँकि तुम गुलामी कर रही हो।'

जब मैं अपनी खदान में वापस आया, एक आश्चर्य मेरी राह देख रहा था। मैंने देखा कि कोई आया था वहाँ; मैंने मलबे में निशानों को देखा और श्रीमान माक के लम्बे नुकीले जूतों की छाप को पहचान लिया। वे यहाँ क्या खोजबीन करते फिर रहे थे? मैंने अपने आप में सोचा और इधर-उधर देखा। कोई नहीं था। कोई आशंका नहीं उठी मेरे मन में।

मैंने अपने बरमे पर हथौड़ी से वार करना शुरू किया। इस बात से अनभिज्ञ कि मैं क्या पागलपन कर रहा था।

32

डाक-नाव आ पहुँची थी, मेरी वर्दी लेकर आयी थी और बैरन और उसके सीपियों और समुद्री-शैवाल से भरे सूटकेस लेकर रवाना होने वाली थी। अब हिलूसा मछली और तेल के कनस्तर लद रहे थे; और शाम तक वह नाव लौट जाने वाली थी।

मैं अपनी बन्दूक की दोनों नालियों में काफ़ी मात्रा में बारूद भरता हूँ। ऐसा करने के बाद, मैं सिर हिलाकर स्वयं से सहमति प्रकट करता हूँ। मैं पहाड़ियों में जाता हूँ और अपने किए हुए सूराखों में भी बारूद भरता हूँ; फिर सिर हिलाता हूँ। नीचे लेट कर प्रतीक्षा करता हूँ।

मैं कई घण्टे तक इन्तज़ार करता रहा। पूरा समय कश्ती की भारवाहक मशीन चढ़ उतर रही थी। अभी से साँझ हो रही थी। आख़िरकार सीटी बजती है, सामान कश्ती पर लद जाता है, और वह चलने को तैयार है। अब मेरे पास कुछ ही क्षण हैं। चाँद अभी निकला नहीं था, और मैं किसी पागल की तरह शाम के अवसाद में टकटकी लगाये बैठा था।

जब कश्ती के अन्तिम भाग की पहली झलक दिखायी दी मैंने पलीता जलाया और खुद तेज़ी से हट गया।

एक मिनट बीत जाता है। अचानक गरज सुनाई देती है पत्थर के टुकड़े फव्वारे की तरह हवा में उड़ते हैं, पहाड़ी काँप जाती है और चट्टान, गड़गड़ाती हुई गहराई में गिरने लगती है। आसपास की सभी पहाड़ियाँ गूँज उठती हैं। मैं अपनी बन्दूक उठाता हूँ और पहली नाली खाली कर देता हूँ; गूँज बार-बार जवाब देती है। एक क्षण के बाद मैं दूसरी नाली दागता हूँ; हवा मेरी सलामी से ज़लज़ला जाती है, अनुगूँज से दुनिया भर में धमाका फैल जाता है; ऐसा था मानो सारी पहाड़ियाँ मिलकर रवाना होती हुई कश्ती के लिए ज़ोर से चिल्ला उठी हों। कुछ समय बीत जाता है; हवा शान्त हो जाती है, गूँज पहाड़ियों में ख़त्म हो जाती है, और पृथ्वी फिर शान्त हो जाती है। कश्ती साँझ के झुटपुटे में ओझल हो जाती है।

मैं अभी तक विचित्र रोमांच से काँप रहा हूँ। मैं अपने बरमे और अपनी बन्दूक के बाँह के नीचे दबाये ढलान से नीचे उतरने लगता हूँ, नीचे मेरे घुटने बिदक रहे हैं। मैं सबसे छोटा रास्ता लेता हूँ, अपने शिला-स्खलन के धुआँसे

पुछल्ले को ध्यान में रखते हुए। ईसप पूरा समय सिर हिलाते हुए चलता है और जलने की गन्ध से छींकता हुआ।

जब मैं जेट्टी तक पहुँचा, एक ऐसा दृश्य मेरी प्रतीक्षा कर रहा था जिसने मेरी संवेदनाओं को बुरी तरह हिला दिया; लुढ़की हुई चट्टान से चकनाचूर होकर एक कश्ती वहाँ पड़ी थी, और ईवा, ईवा पड़ी थी उसके पास, कुचली और टूटी, धमाके से धज्जियाँ उड़ गयी थीं उसकी, एक ओर से और कमर के नीचे से पूरी फटी-लिथड़ी हुई, क़तई पहचान में नहीं आ रही थी वह। ईवा मर चुकी थी।

33

और क्या है मेरे पास लिखने को? मैंने कई दिन तक कोई गोली नहीं दागी; खाने को कुछ नहीं था मेरे पास और मैंने कुछ नहीं खाया; मैं अपनी कुटिया में बैठा रहा। श्रीमान माक की पुती हुई सफ़ेद हाउस बोट में ईवा को गिरजाघर ले जाया गया, मैं ज़मीन पर चलकर कब्रिस्तान पहुँचा...।

ईवा मर चुकी है। आपको उसका सुकुमार नन्हा-सा सिर याद है और भिक्षुणी जैसे उसके बाल? वह इतनी चुपचाप आती थी, अपना बोझा उतार कर रख देती थी और मुस्करा देती थी। और आपने देखा था उसकी मुस्कान में जीवन कैसे तरंगित हो उठता था? आराम से बैठे रहो, ईसप, चार पीढ़ी पहले की एक कहानी मुझे याद आ रही है, इसेलीन के ज़माने की जब स्टामर पुजारी हुआ करता था।

एक कन्या थी जो एक पत्थर की मीनार में क़ैद थी। उसे एक पुरुष से प्रेम था। क्यों? हवा और सितारों से पूछो, प्राण के ईश्वर से पूछो; क्योंकि और कोई इन बातों के बारे में नहीं जानता। और उसका पुरुष उसका मित्र और प्रेमी था; लेकिन समय चलते उसने किसी और को देखा और उसकी भावनाएँ बदल गयीं।

वह नौजवान की तरह कन्या से प्रेम करता था। अक्सर वह उसे अपना वरदान कहकर सम्बोधित करता था, अपनी फ़ाख़्ता; और वह धड़कती गर्मजोशी से उसे अपनी बाँहों में ले लेती। वह बोला, 'अपना दिल दे दो मुझे।' और उसने ऐसा ही किया। वह बोला, 'तुमसे कुछ माँग सकता हूँ, प्रिये?' उन्माद में डूबी वह बोली, 'हाँ'। उसने अपना सब कुछ अपने प्रेमी को समर्पित कर दिया और

उसने कोई कृतज्ञता नहीं जतायी।

वह अपनी दूसरी प्रेमिका की गुलामी करता था, इतना चाहता था वह उसे, पागल और भिखारी की तरह, क्यों? सड़क की धूल से पूछो और गिरते हुए पत्तों से, जीवन के रहस्यमयी ईश्वर से पूछो, क्योंकि और कोई इन चीज़ों के बारे में नहीं जानता। उसने उसे कुछ भी नहीं दिया, फिर भी वह शुक्रगुज़ार था उसका। उसने कहा, 'अपना सुखचैन और अपनी मति मुझे दे दो।' और वह इस बात का दुःख मनाने लगी कि उसकी जान क्यों नहीं माँगी उसने।

और कन्या को पत्थर की मीनार में डाल दिया गया...।

'तुम क्या कर रही हो, कन्या, तुम बैठे-बैठे मुस्करा रही हो?'

'उस बात को दस साल होने को आये हैं, जो मैं सोच रही हूँ। जब मैं मिली थी उसे।'

'उसकी याद अब भी आती है तुम्हें?'

'उसकी याद अब भी आती है मुझे।'

और वक्त बीतता रहता है...।

'तुम क्या कर रही, कन्या? और बैठे-बैठे क्यों मुस्करा रही हो?'

'मैं उसके नाम की कढ़ाई कर रही हूँ एक कपड़े पर।'

'किसके नाम की? उसकी जिसने क़ैद कर रखा है तुम्हें?'

'हाँ उसके नाम की, जिसे मैं बीस साल पहले मिली थी।'

'उसकी याद अब भी आती है तुम्हें?'

'पहले की तरह अब भी उसकी याद आती है मुझे।'

और वक्त बीतता रहता है...।

'तुम क्या कर रही हो, बन्दिनी?'

'मैं बूढ़ी हो रही हूँ और कढ़ाई के लिए नज़र कमज़ोर हो गयी है मेरी, मैं दीवार से कलई खुरच रही हूँ। कलई से मैं उसके लिए एक मर्तबान बनाऊँगी, उसे उपहार में देने के लिए।'

'किसकी बात कर रही हो तुम?'

'अपने प्रेमी की, जिसने मुझे क़ैद किया था।'

'तुम मुस्करा रही हो क्योंकि उसने तुम्हें क़ैद किया था?'

'मैं सोच रही हूँ कि वह अब क्या कहेगा। देखो, देखो! वह कहेगा, मेरी कन्या ने मुझे यह नन्हा मर्तबान भेजा है, वह इन तीस सालों में मुझे भूली नहीं

है।'

और वक्त बीतता रहता है...।

'कहो, बन्दिनी, तुम ख़ाली बैठी हो और मुस्करा रही हो?'

'मैं बूढ़ी हो रही हूँ, मैं बूढ़ी हो रही हूँ, मेरी आँखें अन्धी हैं, अब सिर्फ़ सोचा करती हूँ।'

'उसके बारे में जिसे तुम चालीस साल पहले मिली थीं?'

'उसके बारे में जिसे मैं युवावस्था में मिली थी। शायद चालीस साल पहले।'

'लेकिन तब तुम नहीं जानतीं कि वह मर चुका है? वृद्धा, तुम पीली पड़ गयी हो, तुम जवाब नहीं देतीं, तुम्हारे ओंठ सफ़ेद हैं, तुम साँस नहीं ले रहीं।'

तो यह घटित हुआ था मीनार में क़ैद कन्या की कहानी में। ठहरो, ईसप, मैं कुछ भूल गया था। एक दिन उसे आँगन में अपने प्रेमी की आवाज़ सुनायी दी, और वह घुटनों के बल गिर गयी और शर्म से सुर्ख़ हो गई। तब वह चालीस वर्ष की थी।

मैं तुम्हें दफ़्न करता हूँ ईवा, और विनम्रता से तुम्हारी कब्र की रेत को चूम लेता हूँ। एक सम्पन्न, गुलाब-सुर्ख़ स्मृति मेरे हृदय में सरकती है जब मैं तुम्हारे बारे में सोचता हूँ; परम आनन्द में डूब जाता हूँ मैं जब मैं तुम्हारी मुस्कान के बारे में सोचता हूँ। सम्पूर्ण आत्म-समर्पण किया था तुमने, अपना सब दे दिया था, और तब भी तुम्हें पीड़ा नहीं हुई थी, क्योंकि तुम साक्षात जीवन की निरंकुश बालिका थीं। बावजूद इसके, वे जो रंजिश में अपनी नज़रें तक चुरा ले जाते थे, उन्हीं में मेरे सभी ख़्याल रमे हुए महसूस होते हैं मुझे। क्यों? बारह महीनों से पूछो, समुद्र में चलते हुए जहाज़ों से पूछो, हृदय के रहस्यमयी ईश्वर से पूछो...।

34

एक आदमी ने पूछा, 'क्या तुमने शिकार करना छोड़ दिया है? जंगल में ईसप कुछ सूँघ रहा है, वह एक ख़रगोश का पीछा कर रहा है।'

मैं बोला, 'जाओ और मेरे लिए मार लाओ उसे!'

कुछ दिन और गुज़र गयी। श्रीमान माक मुझसे मिलने आये : उनकी आँखें खोखली थीं, उनका चेहरा धुआँसा। मैंने सोचा : क्या यह सच है कि मैं

अपने साथियों के भीतर झाँक कर देख सकता हूँ, कि ऐसा नहीं है? मुझे खुद पता नहीं है।

श्रीमान माक ने भूस्खलन के हादसे का ज़िक्र किया। वह एक दुर्घटना थी, दुखद संयोग, मेरा कोई दोष नहीं था।

मैं बोला, 'अगर कोई ऐसा शख़्स है जो ईवा और मुझे किसी भी कीमत पर जुदा करना चाहता था, तो वह जीत गया है। बुरा हो उसका।'

श्रीमान माक ने मुझे शक की निगाह से देखा। वे शानदार जनाज़े के बारे में कुछ खुसफुसाए। खर्चे में कोई कसर नहीं छोड़ी गयी थी।

मैं बैठ गया और उनकी हाज़िर-जवाब आनाकानी पर अचरज करने लगा।

उन्हें अपनी उस नाव के लिए कोई मुआवज़ा नहीं चाहिए था जो मेरे भूस्खलन से नष्ट हो गयी थी।

'ओहो, क्या सचमुच!' मैं बोला। 'आप सचमुच नाव के लिए कोई पैसा नहीं वसूलेंगे, और डामर की बाल्टी और कूची के लिए?'

'लेफ़्टिनेंट, मेरे अज़ीज।' वे बोले। 'तुम ऐसा सोच भी कैसे सकते हो।' और उन्होंने मेरी तरफ़ नफ़रत-भरी निगाह से देखा।

तीन सप्ताह मैंने एद्वार्दा को बिलकुल नहीं देखा। ओ, हाँ; एक बार दुकान पर वह अचानक मुझे दिखी थी जहाँ मैं ब्रेड ख़रीदने गया था; वह काउण्टर के पीछे खड़ी थी और कपड़े के कई थान उलट-पुलट रही थी। अलावा उसके, दोनों सहायक भी वहाँ थे।

मैंने उसका अभिवादन किया, और उसने नज़र उठाकर मुझे देखा लेकिन कोई जवाब नहीं दिया। फिर मुझे सूझा कि मैं उसके सामने ब्रेड नहीं माँगना चाहता था; मैंने सहायकों से बारूद और गोलियाँ माँगीं। जब इन चीज़ों को तोला जा रहा था मैं उस पर नज़र रखे रहा।

स्लेटी रंग की पोशाक में जो उसके लिए बहुत छोटी थी, जिसके काज फट चुके थे, उसकी सपाट छाती बुरी तरह हाँफ रही थी। इन गर्मियों में कितनी बड़ी हो गयी थी वह! उसका मस्तक विचारमग्न था, वे दो विचित्र मेहराबी भवें उसके चेहरे में दो पहेलियों की तरह जड़ी थीं, उसकी हर हरक़त में ज़ाहिर था कि वह

कुछ और परिपक्व हो गयी थी। मैंने उसके हाथों को देखा, उसकी लम्बी-नाजुक उँगलियों के भाव से मैं बुरी तरह पिघल गया और काँपने लगा। वह अभी तक थान उलट-पलट रही थी।

मैं खड़े-खड़े चाहने लगा कि ईसप दौड़ कर उसके पास काउण्टर के पीछे चला जाए और उसे पहचान जाए; तब मैं उसे तुरन्त बुलाकर क्षमा माँग सकता हूँ। तब वह क्या कहेगी?

'यह लीजिए,' सहायक बोले।

मैंने भुगतान किया, अपने लिफ़ाफे उठाये और आदरभाव से विदा लेते हुए कुछ शब्द बुदबुदाये। उसने फिर नज़र उठाकर मेरी ओर देखा, और इस बार भी कोई उत्तर नहीं दिया। अच्छा है, मैंने सोचा। इस बात की काफ़ी सम्भावना है कि बैरन के साथ उसकी मँगनी हो चुकी है। और मैं बिना ब्रेड लिए चला आया।

जब मैं बाहर निकला, मैंने ऊपर खिड़की की तरफ़ देखा। कोई मेरी ओर नहीं देख रहा था।

35

फिर एक रात बर्फ़ गिरना शुरू हुई और मेरी कुटिया एकदम ठण्डी पड़ने लगी। एक चूल्हा था जहाँ मैं खाना पकाता था, लेकिन लकड़ी ठीक से नहीं जलती थी और दीवारों में से अक्सर हवा के झोंके आते थे, हालाँकि मैंने पूरी कोशिश से दरारों को ठूंस कर बन्द कर रखा था। पतझड़ का अन्त हो रहा था और दिन छोटे पड़ने लगे थे। पहली बर्फ़ धूप में अभी तक पिघल रही थी और ज़मीन दोबारा साफ़ निकल आयी थी; लेकिन रातें ठण्डी थीं, और पानी जम जाता था। और सारी घास और सभी कीड़े मर चुके थे।

लोगों पर एक रहस्यमयी निस्पन्दता छा रही थी, वे चुपचाप सोचते रहते थे। उनकी आँखें सर्दी की प्रतीक्षा कर रही थीं। मछली सुखाने की जगहों से चीत्कार नहीं आती थी; बन्दरगाह शान्त थी, हर चीज़ उत्तरी प्रकाश की अन्तहीन रात्रि के लिए तैयार हो रही थी जब सूर्य समुद्र में सो जाता है। किसी अकेली नाव से चप्पू खेने की मन्द, मन्द आवाज़ आती रहती थी।

नाव खेती एक लड़की आयी।

'तुम कहाँ थीं, मेरी बच्ची?'

'कहीं नहीं।'

'कहीं नहीं? ठहरो, मैं जानता हूँ तुम्हें, मैं गर्मियों में मिला था तुमसे।'

उसने कश्ती किनारे लगायी, तट पर उतरी और तेज़ तेज़ चलने लगी।

'तुम बकरियाँ चरा रही थीं, तुम मोज़ा बुन रही थीं, मैं एक रात तुमसे मिला था।'

एक हल्की सी सुर्खी उसकी गालों में फैल जाती है और वह शर्मीली हँसी हँसती है।

'मेरी नन्ही खिलन्दड़ी लड़की। मेरी कुटिया में आओ और मुझे देखने दो तुम कैसी हो। मैं तुम्हारा नाम भी जानता हूँ, हेन्रियत।'

लेकिन वह चुपचाप मेरे पास से गुज़रती हुई चली जाती है। पतझड़, शीत ने उसे जकड़ लिया है; उसकी इन्द्रियाँ अभी से नींद में चली गयी हैं।

सूर्य अभी से समुद्र में चला गया है।

36

मैंने पहली बार अपनी वर्दी पहनी और सिरिलुँड चला आया। मेरा दिल धड़क रहा था।

मुझे उस पहले दिन की सभी बातें याद थीं जब एद्वार्दा मेरे पास दौड़ी चली आयी थी और सबके सामने मुझे आगोश में ले लिया था उसने; अब कई महीनों से वह मुझे उठा-पटक रही थी और मेरे बाल सफ़ेद हो गये थे। मेरा दोष था? हाँ, मेरे नक्षत्र मुझे भरमा रहे थे। मैंने सोचा : अगर मैं उसके चरणों में गिरकर अपने दिल की बात उसे बता दूँ, तो कितना चैन मिलेगा उसे! वह मुझे कुर्सी पर बिठायेगी, वाइन मँगवाएगी, और जाम उठाकर वह मेरे साथ पिएगी और कहेगी : तुम्हारे साथ जो समय मैंने बिताया है, लेफ़्टिनेंट उसके लिए मैं तुम्हारी शुक्रगुज़ार हूँ, मैं कभी नहीं भूलूँगी। लेकिन अगर मैं खुश हो जाऊँगा और ज़रा उम्मीद करने लगूँगा, वह पीने का दिखावा भर करेगी और बिना पिये अपना जाम नीचे रख देगी। और वह मुझसे क़तई नहीं छिपायेगी कि वह पीने का स्वाँग कर रही थी, वह बिलकुल ज़ाहिर कर देगी इस बात को। ऐसी है वह।

अच्छी बात है, जल्दी ही अन्तिम घड़ी आ पहुँचेगी।

और सड़क पर चलते हुए, मैंने सोचा : मेरी वर्दी से प्रभावित हो जायेगी वह, फ़ीता एकदम नया और सुन्दर है। तलवार फ़र्श पर खनखनाएगी। मैं अधीर उत्तेजना से काँप उठा और अपने आप से फुसफुसाते हुए बोला : कौन जाने क्या हो गुज़रे अब भी! मैंने अपना सिर उठाया और अपने हाथ से संकेत किया। अब विनम्रता बिलकुल नहीं, लेकिन प्रतिष्ठा और स्वाभिमान! अंजाम क्या होगा इसकी परवाह नहीं थी मुझे, लेकिन फिर मैं अपनी ओर से और पहल नहीं करूँगा। क्षमा करना, सुन्दर-कन्या, कि मैं प्रणय-याचना नहीं कर रहा तुमसे...।

श्रीमान माक मुझे बाहर आँगन ही में मिल गये, कुछ और धुआँसे, उनकी आँखें कुछ और ज़्यादा खोखली।

'जा रहे हो? ठीक ही है आख़िर कुछ समय से ठीक भी नहीं हो न तुम, क्यों? तुम्हारी झोंपड़ी भी तो जल गयी थी।' और श्रीमान माक मुस्करा दिये।

अचानक मुझे लगा कि मैं दुनिया के सबसे शातिर आदमी को अपने सामने खड़ा देख रहा हूँ।

'जाओ अन्दर जाओ, लेफ़्टिनेंट, एद्वार्दा घर पर है। और अलविदा। नाव की रवानगी के समय हम बन्दरगाह पर मिलेंगे फिर।' वे सिर झुकाये, सोच में डूबे, सीटी बजाते, चल दिये वहाँ से।

एद्वार्दा बैठक में बैठी पढ़ रही थी। वह मुझे वर्दी में देखकर चौंक गयी; उसने चिड़िया की तरह कनखियों से मुझे देखा और यहाँ तक कि शर्म से सुर्ख़ भी पड़ गयी वह। उसने मुँह खोला।

'मैं अलविदा कहने आया हूँ,' मैं आख़िरकार कह पाया।

वह एकदम उठ खड़ी हुई और मैंने देखा कि मेरे शब्दों से प्रभावित हो गयी थी वह।

'ग्लान, क्या तुम जा रहे हो? अभी?'

'जैसे ही जहाज़ आयेगा।' मैं उसका हाथ थाम लेता हूँ, दोनों हाथ, एक बदहवास हर्षोन्माद मुझे धर दबोचता है और मैं फूट पड़ता हूँ : 'एद्वार्दा!' और उसे एकटक निहारने लगता हूँ।

और एक क्षण में वह ठण्डी पड़ जाती है, ठण्डी और अड़ियल। उसका रेशा-रेशा मेरी मुख़ालिफ़त कर रहा था, वह तन कर खड़ी हो गयी। मैंने पाया कि मैं उसके सामने भिखारी की तरह खड़ा हूँ, मैंने उसके हाथ छोड़ दिये और

जाने दिया उसे। अगले दो एक क्षण मुझे याद है कि मैं वहीं यन्त्रवत खड़ा-खड़ा दोहराता रहा : 'एद्वार्दा! एद्वार्दा।' बार-बार बिना कुछ सोचे-समझे : और जब उसने पूछा : 'हाँ? तुम क्या कहने वाले थे?' मैंने उससे कुछ नहीं कहा।

'अभी से चले जा रहे हो तुम, सोचो तो सही।' वह फिर बोली। 'क्या पता अगले साल कौन आयेगा?'

'कोई और आयेगा,' मैंने उत्तर दिया। 'झोंपड़ी फिर खड़ी कर दी जाएँगी, बिलकुल।'

ख़ामोशी। वह अपनी किताब उठाने लगी।

'मुझे अफ़सोस है मेरे पिता घर पर नहीं हैं,' वह बोली। 'लेकिन मैं बता दूँगी उन्हें तुम आये थे।'

इस बात का मैंने कोई जवाब नहीं दिया। मैं आगे बढ़ा, एक बार फिर उसका हाथ थामा और बोला, 'अलविदा, एद्वार्दा।'

'अलविदा।' उसने उत्तर दिया।

मैंने दरवाज़ा खोला जैसे कि मैं जाने को था। वह अभी से किताब लेकर बैठ गयी थी, उसे पढ़ने लगी थी, वाक़ई पढ़ रही थी, पन्ने पलटती हुई मेरे जाने का उस पर कोई असर नहीं था, क़तई नहीं। मैं खाँसने लगा।

उसने पलटकर देखा और हैरानी से बोली, 'ओ, तो तुम गये नहीं?' मैंने सोचा तुम जा चुके हो।'

ईश्वर ही जानता है, लेकिन उसकी हैरानी कुछ ज़्यादा ही थी, वह सावधानी नहीं बरत रही थी और अपने आश्चर्य को बढ़ा-चढ़ाकर दिखा रही थी; और मुझे लगा कि उसे पूरा समय पता था कि मैं उसके पीछे खड़ा था।

'अब मैं जा रहा हूँ,' मैंने कहा।

तब वह उठी और मेरे पास चली आयी।

'तुम्हारे जाने के बाद कुछ यादगार चाहिए होगी मुझे,' वह बोली। 'मेरे मन में था मैं तुमसे कुछ माँगूँगी, लेकिन हो सकता है मेरी अपेक्षा बहुत बड़ी है। क्या तुम ईसप मुझे दे सकते हो?'

मैंने बिना सोचे-समझे कह दिया...'हाँ।'

'तब शायद तुम कल उसे अपने साथ लाओगे यहाँ,' वह बोली।

मैं चला आया।

मैंने ऊपर खिड़की की ओर देखा। कोई नहीं था वहाँ।

सब ख़त्म हो चुका था...।

झोंपड़ी में अन्तिम दिन। मैं सोचता रहा, घण्टे गिनता रहा। जब सुबह हुई मैंने अपना अन्तिम भोजन पकाया। वह दिन बहुत ठण्डा था।

वह क्यों चाहती थी कि मैं कुत्ता लेकर खुद जाऊँ, उसे देने? क्या वह मुझसे बात करना चाहती थी, अन्तिम बार कुछ कहना चाहती थी मुझसे? मुझे कोई उम्मीद नहीं थी। और वह ईसप के साथ क्या सुलूक करेगी? ईसप, ईसप क्या वह तुम्हें यातना देगी। मेरी वजह से वह कोड़े बरसायेगी तुम पर। हो सकता है सहलाये भी तुम्हें, लेकिन मौसम-दर-मौसम यकीनन तुम्हें कोड़ों से पीटेगी और बुरी तरह बरबाद कर डालेगी तुम्हें...।

मैंने ईसप को आवाज़ दी उसे थपथपाया और उसके सिर से अपना सिर जोड़ा और अपनी बन्दूक उठायी। वह खुशी से कुनकुना रहा था, यह सोचते हुए कि हम शिकार के लिए निकल रहे हैं। मैंने फिर उसके सिर से अपना सिर जोड़ा, और नालमुख ईसप की गर्दन पर रखी और गोली दाग दी।

मैंने भाड़ा देकर एक आदमी से ईसप का शव एद्वार्दा तक पहुँचाने को कहा।

37

डाक-नाव उसी दोपहर किसी समय जाने वाली थी। मैं खुद को बन्दरगाह तक ले आया, मेरी चीज़ें पहले से ही लद चुकी थीं। श्रीमान माक ने मुझसे हाथ मिलाया और मेरा हौसला बढ़ाते हुए बोले कि सफ़र के दौरान मौसम ठीक रहेगा मेरे लिए, सुहाना मौसम, ऐसे मौसम में वे खुद भी सफ़र करना पसन्द करेंगे। डॉक्टर भी चला आया था, एद्वार्दा उसके साथ थी; मेरे घुटने काँपने लगे थे।

'हम लोग तुम्हें अच्छे से विदा करना चाहते थे,' डॉक्टर बोला।

मैंने उसका शुक्रिया अदा किया।

एद्वार्दा मेरा सामना करते हुए बोली, 'मैं कुत्ते के लिए लेफ़्टिनेंट का शुक्रिया अदा करना चाहती हूँ।' उसने ओंठ भींच लिए, वे सफ़ेद थे। वह फिर मुझसे बहुत तकल्लुफ़ से मुखातिब थी।

'नाव कब जायेगी?' डॉक्टर ने किसी आदमी से पूछा।

'आधे घण्टे में।'

एद्‌वार्दा बेचैनी से इधर-उधर देख रही थी।

'डॉक्टर, क्या अब हमें घर नहीं चलना चाहिए?' वह बोली।

'मेरा जो काम था, मैं कर चुकी हूँ।'

'तुम्हारा काम हो चुका है,' डॉक्टर बोला।

अपमानित महसूस करते हुए वह डॉक्टर की अन्तहीन सुधार-प्रवृत्ति पर हँसी और बोली, 'क्या मैंने लगभग यही नहीं कहा था?'

'नहीं,' वह सख़्ती से बोला।

मैंने उसकी ओर देखा। वह छोटा सा आदमी वहाँ खड़ा था, ठण्डा और अटल; उसने एक योजना तैयार की थी और कटु अन्त तक उसका पालन कर रहा था वह, और अगर इस सबके बावजूद भी वह हार जाता है, तब? अंजाम जो भी हो, वह कभी इज़हार नहीं करेगा; उसके चेहरे ने कभी धोखा नहीं दिया था उसे।

अँधेरा छा रहा था।

'तो फिर अलविदा।' मैं बोला। 'और हरेक दिन के लिए मैं शुक्रिया अदा करता हूँ तुम्हारा।'

एद्‌वार्दा अवाक् मेरी ओर देखने लगी। फिर वह गर्दन घुमाकर जहाज़ को ताकने लगी।

मैं नाव में घुस गया। एद्‌वार्दा अभी तक बन्दरगाह पर खड़ी थी। जब मैं नाव पर बाहर खड़ा हो गया, तो डॉक्टर ने ऊँची आवाज़ में मुझे अलविदा किया। मैंने पलटकर तट की ओर देखा; ठीक उसी क्षण एद्‌वार्दा घर की ओर मुड़ी और बन्दरगाह से परे चलने लगी, तेज़ी से, डॉक्टर को काफ़ी पीछे छोड़ती हुई। मैं उसे अन्तिम बार देख रहा था।

मेरे दिल में उदासी की एक लहर दौड़ गयी...।

स्टीमर चलना शुरू हो चुका था; मुझे अभी तक श्रीमान माक का बोर्ड दिख रहा था : **नमक और कनस्तर का डिपो**। लेकिन शीघ्र ही वह धुँधला पड़ने लगा। चाँद और सितारे निकल आये, चारों ओर पहाड़ उठ खड़े हुए और मैंने अन्तहीन जंगलों को लक्ष्य किया। वो रही चक्की; वो, वो रही वह झोंपड़ी जो जल गयी थी; वह विराट सुरमई शिलाखण्ड अग्निकाण्ड की स्थली पर अकेला

खड़ा था। इसेलीन, ईवा...।

उत्तरी प्रकाश की रात्रि पहाड़ों और वादियों में फैल जाती है।

38

मैंने यह सब समय गुज़ारने के लिए लिखा है। मुझे मज़ा आ रहा था उस ग्रीष्मकाल को पलटकर देखते हुए जब मैं अक़्सर घण्टे गिना करता था और तब भी समय उड़ा चला जाता था। सब बदल चुका है; दिन अब कभी नहीं बीतेंगे।

सुख के कुछ पल अभी तक बचे हुए हैं मेरे पास; लेकिन समय, समय निश्चल खड़ा है और मैं समझ नहीं पाता हूँ वह इस क़दर निश्चल खड़ा कैसे रह सकता है। मैंने सेवा छोड़ दी है और मैं किसी राजकुमार सा स्वतन्त्र हूँ। सब ठीक है, मैं लोगों से मिलता हूँ, बग्घियों की सवारी करता हूँ; बीच्-बीच में मैं एक आँख बन्द कर लेता हूँ और अपनी तर्जनी से आसमान पर लिखता हूँ; मैं चन्द्रमा की ठुड्डी के नीचे गुदगुदी करता हूँ और कल्पना करता हूँ कि मैं उसे हँसते हुए देख रहा हूँ। हर शय मुस्कराती है। मैं तड़ातड़ कार्क खोलता चला जाता हूँ और ज़िन्दादिल लोगों को दावत देता हूँ।

जहाँ तक एद्वार्दा का सवाल है मैं उसके बारे में नहीं सोचता। इतने समय बाद भी मुझे भूल नहीं जाना चाहिए था उसे? ख़ुद्दारी और ईमान ख़ूब है मुझमें और अगर कोई मुझसे पूछता है कि मुझे चिन्ताएँ सताती हैं या नहीं, तो मैं सीधा जवाब देता हूँ नहीं, कोई फ़िक्र नहीं है मुझे।

कोरा मुझे पड़े-पड़े देख रही है, कभी ईसप था, लेकिन अब कोरा पड़े-पड़े मुझे देखती है। चूल्हे पर दीवाल-घड़ी टिक-टिक करती है, मेरी खुली खिड़की के बाहर शहर का कोलाहल है। दरवाज़े पर दस्तक होती है और डाकिया मुझे एक चिठ्ठी देता है। चिठ्ठी पर एक किरीट है। मैं जान जाता हूँ किसका ख़त है वह,या शायद किसी उनींदी रात मुझे सपना आया था। लेकिन ख़त में कोई इबारत नहीं है; सिर्फ़ दो हरे पंख हैं।

एक बर्फ़ीला ख़ौफ़ मेरी रगों में दौड़ जाता है, मैं ठण्डा पड़ जाता हूँ। दो हरे पंख! मैं खुद से कहता हूँ तो क्या करना चाहिए मुझे? लेकिन मुझे ठण्डा क्यों पड़ जाना चाहिए? कितने कम्बख़त झोंके चले आ रहे हैं अब खिड़कियों से।

और मैं खिड़कियाँ बन्द कर देता हूँ।

दो हरे पंख रखे हैं, मैं फिर अपने आप में सोचता हूँ; मुझे लगता है मुझे मालूम होना चाहिए उनके बारे में, वे मुझे ऊपर नूर्रलाँड में घटे किसी चुटकुले की याद दिलाते हैं, और कई घटनाओं में से सिर्फ़ एक घटना; उन दो हरे पंखों को दोबारा देखकर मज़ा आ रहा है मुझे। और सहसा मुझे एक चेहरा दिखायी देता है। और एक आवाज़ सुनायी देती है, और आवाज़ कहती है : 'तो यह रहे तुम लेफ्टिनेंट, और ये रहे तुम्हारे पक्षियों के पंख।'

तुम्हारे पक्षियों के पंख...।

'एकदम चुपचाप पड़ी रहो, कोरा, सुन रही हो! पीट कर जान ले लूँगा तुम्हारी, अगर तुमने ज़रा भी हरक़त की।'

मौसम एकदम गरम है, असह्य गरम है; मैं खिड़कियाँ बन्द करते समय क्या सोच रहा था! खोल डालो खिड़कियाँ, दरवाज़ा खोलो, इधर आओ ज़िन्दादिल लोगो, भीतर चले आओ! हे सन्देशवाहक मैं चाहता हूँ तुम जाओ और बहुत से लोगों को बुला लाओ...।

और दिन गुज़र जाता है, लेकिन समय निश्चल खड़ा रहता है।

मैंने यह सब अपने मज़े के लिए लिखा है और खुद का जी बहलाया है जहाँ तक मुनासिब था। मुझे कोई चिन्ता नहीं सताती, सिर्फ़ मन करता है मैं चला जाऊँ कहीं, मालूम नहीं कहाँ, लेकिन कहीं बहुत दूर, शायद अफ़्रीका या भारत; क्योंकि मैं जंगल और एकान्त का वासी हूँ।

ग्लान की मृत्यु

1861 से एक पर्चा

1

ग्लान परिवार लापता लेफ़्टिनेंट टॉमस ग्लान का पता लगाने के लिए अख़बारों में जब तक विज्ञापन भेजना चाहता है भेजे; लेकिन वह कभी नहीं लौटेगा। वह मर चुका है, और मैं यह भी जानता हूँ उसकी मौत कैसे हुई थी।

सच कहूँ तो मुझे कोई हैरानी नहीं है कि उसका परिवार पूछताछ करता चला जा रहा है; क्योंकि टॉमस ग्लान कई मायनों में अद्भुत और प्यारा आदमी था। उससे न्याय करते हुए मुझे यह मान लेना चाहिए, बावजूद इसके कि अपनी रूह में मैं अभी तक उससे वैर महसूस करता हूँ और मुझे जब भी उसकी याद आती है मैं नफ़रत से भर जाता हूँ। वह देखने में शानदार आदमी था, जवानी की ताक़त से भरपूर और उसके अन्दाज़ में बेहद क़शिश थी। जब वह आपकी तरफ़ अपनी पशु आँखों से देखता था, आप उसकी क़शिश को महसूस कर सकते थे; जो मुझे भी महसूस होती थी। कहते हैं कि एक औरत ने कभी कहा था : 'जब वह मेरी ओर देखता है मैं खो जाती हूँ; मुझे लगता है वह मुझे छू रहा है।'

लेकिन टॉमस ग्लान में ख़ामियाँ भी थीं, और मेरी इच्छा उन्हें छिपाने की नहीं है, क्योंकि मैं उससे नफ़रत करता हूँ। कभी-कभी वह बच्चों की-सी बात करता था, इतना अच्छा स्वभाव था उसका, और शायद इस वजह से औरतें उस पर मुग्ध हो जाती थीं, भगवान जाने! वह उनके साथ गपशप करता था और उनकी बेवकूफ़ाना बकबक पर हँसता था, और इससे उन्हें प्रभावित कर लेता था। एक बार उसने शहर के बहुत मोटे आदमी के बारे में कहा कि ऐसा लगता था वह अपनी पतलून में सूअर की चर्बी भरे घूम रहा है, और वह इस मज़ाक़ पर खुद बहुत हँसा, जबकि मुझे शर्मिन्दगी महसूस होती ऐसी बात पर। एक और बार, जब हम दोनों एक ही घर में रहने लगे थे, उसने अपनी मूर्खता साफ़ ज़ाहिर कर दी; मेरी मकान-मालकिन एक दिन सुबह अन्दर आयी और मुझसे पूछने

लगी कि मुझे नाश्ते में क्या चाहिए था, और मैंने जल्दबाज़ी में जवाब दिया, 'एक ब्रेड और अण्डे का एक स्लाइस।' टॉमस ग्लान उस समय मेरे कमरे में बैठा था—वह तब ऊपर अटारी में रहता था, जो छत से लगी हुई थी और वह बच्चों की तरह मेरी इस भूल पर मज़े ले-लेकर हँसने लगा, 'एक ब्रेड और अण्डे का एक स्लाइस' वह बार-बार दोहरा रहा था, जब तक मैंने बहुत हैरान होकर उसकी ओर नहीं देखा और उसे चुप नहीं करा दिया।

उसकी और कई मूर्खतापूर्ण विशेषताएँ मुझे याद आयेंगी शायद और अगर आयेंगी तो मैं उन्हें भी दर्ज करूँगा; मैं उसे क़तई नहीं बख़्शूँगा, क्योंकि वह अभी तक मेरा दुश्मन है। मैं ही क्यों उदारता दिखाऊँ? लेकिन मैं मानता हूँ कि वह सिर्फ़ शराब के नशे में ही बकवास करता था। लेकिन इतना पीना क्या अपने आप में बहुत बड़ा दोष नहीं है?

जब मैं 1859 की पतझड़ में उसे मिला, वह बत्तीस वर्ष का था—हम दोनों क़रीबन हम-उम्र थे। उस समय वह पूरी दाढ़ी रखे था और शिकार के लिए गरम कमीज़ पहनता था जिसका गला बहुत नीचे तक कटा था, और ऐसा भी होता था कि वह कई बार ऊपर का बटन नहीं लगाता था। पहले पहल उसकी गर्दन मुझे बहुत आकर्षक लगती थी; लेकिन धीरे-धीरे उसने मुझे अपनी जानी दुश्मन बना लिया, और तब मुझे उसकी गर्दन अपनी गर्दन से बेहतर नहीं लगती थी, हालाँकि मैं अपनी गर्दन इस तरह दिखाता नहीं फिरता था। पहली बार मैं उसे नदी की एक नाव में मिला था; मैं भी उसी जगह जा रहा था जहाँ वह शिकार के लिए जा रहा था और हम एकदम इस बात पर राज़ी हो गये कि जहाँ रेलगाड़ी हमें और आगे नहीं ले जायेगी हम लोग बैलगाड़ी से इकट्ठे आगे का सफ़र करेंगे। मैं जानबूझ कर उस जगह का ज़िक्र नहीं करूँगा क्योंकि मैं किसी को सूराग नहीं देना चाहता; लेकिन ग्लान परिवार आराम से अपने रिश्तेदार की खोज-ख़बर कर विज्ञापन देना बन्द कर सकता है; क्योंकि वह उस जगह दफ़्न है जहाँ हम साथ-साथ पहुँचे थे, जिसका मैं नाम नहीं बताना चाहता।

और फिर टॉमस ग्लान से मिलने से पहले मैंने उसके बारे में सुन भी रखा था; उसका नाम मेरे लिए अपरिचित नहीं था। मैंने सुना था कि नूर्रलाँड में किसी लड़की से उसका सम्बन्ध था, बड़े घर की लड़की थी वह, और कि उसने किसी तरह से उस लड़की की बेइज़्ज़ती की थी, जिसकी वजह से लड़की ने उससे नाता तोड़ लिया था। इसके लिए उसने बेवक़ूफ़ाना खुन्दक में खुद से बदला लेने की

कसम खायी थी; और उस लड़की ने बिना इस बात से मुतासिर हुए उसे जो जी चाहे करने दिया था, कोई मतलब नहीं था उसे। इस घटना के बाद ही सब टॉमस ग्लान के नाम को जानने लगे थे; वह बेकाबू जंगलियों की तरह भागता फिरता था, पागलों का-सा व्यवहार करने लगा था, बहुत पीने लगा था, एक से एक काण्ड में बदनाम होता फिरता था, और कमीशन से इस्तीफ़ा दे दिया था उसने। क्या खूब ढंग था प्रेम में ठुकराये जाने का बदला लेने का!

उस युवती के साथ उसके सम्बन्ध को लेकर एक और कहानी भी फैल गयी थी : कि उसने उसे क़तई बेइज़्जत नहीं किया था, लेकिन लड़की के परिवार ने उसे निकाल दिया था और कि लड़की ने कोई एतराज़ नहीं किया था, क्योंकि एक स्वीडी काउण्ट, जिसका मैं नाम नहीं लेना चाहता, उस लड़की से प्यार जताने लगा था। लेकिन इस अफ़वाह को मैं कम विश्वसनीय मानना चाहता हूँ; पहले की अधिक सम्भावना लगती है मुझे, क्योंकि आखिर मैं टॉमस ग्लान से नफ़रत करता हूँ और उसके बारे में बुरी-से-बुरी बात में यकीन करने को तैयार हूँ। लेकिन जो भी हो, उसने खुद कभी इस प्रतिष्ठित युवती के साथ अपने सम्बन्ध की बात नहीं की थी, न ही मैंने कभी पूछा था उससे। मुझे क्या लेना-देना था?

नदी में उस नाव पर बैठे हुए, मुझे नहीं याद कि हमनें सिवा उस गाँव के जिसकी ओर हम दोनों पहली बार जा रहे थे, किसी और विषय पर बात भी की हो? 'मुझे पता चला है वहाँ होटल जैसा भी कुछ उपलब्ध है,' ग्लान नक़्शे को देखते हुए बोला, 'अगर हमारी किस्मत अच्छी है तो हमें ठहरने की जगह मिल जायेगी वहाँ; कहते हैं कि कोई आधी-अंग्रेज़ औरत इस होटल को चलाती है। मुखिया अगले गाँव में रहता है और कहते हैं कि उसकी बहुत-सी बीवियाँ हैं, कुछ की तो उम्र सिर्फ़ दस साल बतायी जाती है।

ख़ैर, मुझे न तो यह पता था कि मुखिया की बहुत-सी बीवियाँ थीं, न यह कि वहाँ कोई होटल-वोटल भी था, इसलिए मैं कुछ नहीं बोला, लेकिन ग्लान मुस्करा रहा था और मैंने सोचा कि उसकी मुस्कान बहुत आकर्षक थी।

बहरहाल, मैं बताना भूल गया था कि यह बिलकुल नहीं कहा जा सकता था कि उसमें कोई ख़ामी नहीं थी, हालाँकि वह देखने में बेहद आकर्षक था। उसने मुझे खुद बताया था कि उसके बायें पाँव में गोली का घाव था और कि जब मौसम बदलता था, उसे गठिये की तकलीफ़ महसूस होती थी।

2

एक सप्ताह बाद हम लोगों को उस बड़ी-सी झोंपड़ी में ठहरा दिया गया जिसे होटल कहा जाता था, जिसे एक वृद्ध आधी-अंग्रेज़ औरत चलाती थी। उफ़, क्या होटल था! दीवारें मिट्टी और कुछ लकड़ी की बनी थीं, और लकड़ी को दीमक खा चुकी थी जो हर तरफ़ फैल गयी थी। मैं बैठक के पास एक कमरे में रहता था जिसमें हरे काँच की एक खिड़की से गली दिखायी देती थी, एक ही काँच था, जो साफ़ नहीं था; और ग्लान ने अपने रहने के लिए अटारी में एक छोटा-सा बिल चुन लिया था, जिसके भीतर भी गली में खुलती हुई एक खिड़की थी, लेकिन जहाँ अँधेरा काफ़ी ज़्यादा था और जिसमें रहना कहीं ज़्यादा कष्टकारी था। फूस की छत पर सूरज की मार थी और जिससे उसके कमरे में दिन-रात असह्य गर्मी रहती थी; और तो और उसके कमरे तक कोई सीढ़ी भी नहीं थी, सिर्फ़ चार डंडों वाली नसैनी थी। क्या इसमें मेरा कोई दोष था? मैंने ग्लान से चुनने को कहा था, 'यहाँ दो कमरे हैं, एक ऊपर और एक नीचे, अपनी मर्ज़ी से चुन लो!'

और ग्लान ने दोनों कमरों को देखा और ख़ुद के लिए ऊपर वाला कमरा ले लिया, शायद मुझे बेहतर कमरा देना चाहता था वह—लेकिन क्या मैंने कृतज्ञता ज़ाहिर नहीं की थी? और क्या देता मैं उसे?

जब तक गर्मी की भंयकर मार रही हम लोग शिकार पर नहीं जाते थे और चुपचाप झोंपड़ी में पड़े रहते थे, क्योंकि गर्मी वाक़ई बहुत भयानक थी। कीड़ों से बचने के लिए हम लोग मच्छरदानी तान कर सोते थे। लेकिन फिर भी कभी-कभी ऐसा होता था कि चमगादड़ ख़ामोशी से मच्छरदानी से आ टकराते थे और उसे फाड़ डालते थे; यह ग्लान के साथ अक्सर होता था क्योंकि उसे गर्मी की वजह से छत में एक सूराख़ रखना पड़ता था, लेकिन ऐसा मेरे साथ नहीं होता था। दिन में हम झोंपड़ी के बाहर चटाई डालकर पड़े रहते और धूम्रपान करते रहते थे और दूसरी झोंपड़ियों के जीवन को देखते रहते थे। वहाँ के लोग भूरे रंग के थे और उनके होंठ मोटे थे, सभी के कानों में बालियाँ थीं और उनकी आँखें मरी-मरी-सी थीं और भूरी थीं; वे लगभग नग्न रहते थे, सिवा जाँघों के जिन पर सूती कपड़े की पट्टी या गुँथे हुए पत्ते हुआ करते थे, और औरतें भी एक छोटी-सी स्कर्ट से ख़ुद को ढाँप कर रखती थीं। सभी बच्चे

दिन-रात नंगे रहते थे, उनके पेट निकले हुए थे जो तेल से चमकते रहते थे।

'औरतें बहुत मोटी हैं,' ग्लान बोला।

और मैं भी सोचता था कि औरतें बहुत मोटी हैं; और शायद ग्लान ने नहीं, यह बात पहले मैंने सोची थी; लेकिन मैं उसके दावे का प्रतिरोध नहीं करूँगा और बेझिझक उसे इस बात का श्रेय ले लेने दूँगा। दरअसल सारी औरतें असुन्दर नहीं थीं, हालाँकि उनके चेहरे मोटे और फूले हुए थे; मैं गाँव में एक लड़की से मिला था, वह उम्र में छोटी थी और आधी तमिल थी, उसके बाल लम्बे थे और दाँत बर्फ़ से भी ज़्यादा श्वेत थे; वह सबसे सुन्दर थी। मैं एक शाम उसे धान के एक खेत के किनारे मिला था, वह लम्बी घास में लेटी थी और हवा में टाँगें चला रही थी। वह मुझसे बात कर सकती थी, और हम दोनों तब तक बात करते रहे जब तक मैं चाहता था; जब हम लोग बिछुड़े तो लगभग पौ फट रही थी, और वह सीधे रास्ते घर जाने की बजाय उस रास्ते से गयी जिससे ऐसा लगे कि वह पड़ोसी गाँव में रात बिताकर आयी है। ग्लान उस शाम गाँव के बीचोंबीच एक झोंपड़ी के बाहर दो छोटी-सी लड़कियों के साथ बैठा था, जो मुश्किल से दस वर्ष की रही होंगी। वह वहाँ बैठा उनसे दिल्लगी करता रहा और उसके संग छाँग पीता रहा; यही पसन्द था उसे।

कुछ दिन बाद हम लोग शिकार के लिए निकले। हम चाय के बगानों, धान के खेतों और घास के मैदानों को पार करते हुए जा रहे थे; गाँव पीछे छूट चुका था और हम नदी किनारे चलते हुए, विचित्र विदेशी दरख़्तों के ज़ंगलों में से गुज़र रहे थे—बाँस और आम, इमली, साल और नमक-वृक्ष, तेल और रबर के पौधे और भगवान जाने क्या-क्या पेड़ थे उन जंगलों में; हम दोनों में से किसी को कुछ ख़ास पता नहीं था। लेकिन नदी में पानी कम था, और बारिश के मौसम तक यही हाल रहने वाला था। हमने जंगली कबूतर और मुर्गियों का शिकार किया, और बाद दोपहर एक दिन दो तेंदुओं को देखा; हमारे सिरों के ऊपर तोते भी उड़ रहे थे। ग्लान का निशाना एकदम अचूक था, कभी भूल नहीं होती थी उससे, लेकिन यह इसलिए था क्योंकि उसकी बन्दूक मेरी बन्दूक से बेहतर थी; कई बार मैं भी ऐन निशाने पर मारता था। मैं कभी शेखी नहीं बघारता था, लेकिन ग्लान अक़्सर कहता था, 'मैं उसकी दुम में डंक मारूँगा' या 'मैं उसका सिर खुजला दूँगा।' वह ऐसा गोली दागने से पहले कहा करता था; और जब चिड़िया गिरती थी, तो निश्चित ही उसके कहे मुताबिक गोली दुम या सिर में

ही लगी होती थी। जब दो तेंदुए हमारे सामने से गुज़रे, ग्लान उन्हें भी अपनी बन्दूक से मारना चाहता था। मैंने उसे किसी तरह मनाया कि वह यह ख़्याल छोड़ दे क्योंकि अँधेरा हो रहा था और हमारे पास सिर्फ़ दो ही कारतूस बचे थे। वह इसे लेकर भी काफ़ी प्रपंच करता रहा, बन्दूक से तेंदुए का शिकार करने की बहादुरी को लेकर।

'मुझे गुस्सा आ रहा है कि मैंने आखिर गोली नहीं चलायी,' वह मुझसे कहने लगा, 'आख़िर तुम इतना सतर्क क्यों रहना चाहते हो? क्या तुम लम्बे समय तक जीना चाहते हो?'

'मुझे खुशी है तुम मुझे खुद से ज्यादा समझदार समझते हो,' मैंने जवाब दिया।

'ख़ैर, इतनी ज़रा-सी बात के लिए हमें झगड़ना नहीं चाहिए,' वह बोला।

ये उसके शब्द थे, मेरे नहीं; अगर वह मुझसे वैर करना चाहता था, तो मुझे कोई एतराज़ नहीं था। मुझे उसका मूर्खतापूर्ण व्यवहार और औरतों से पेश आने के तौर-तरीक़े बिलकुल पसन्द नहीं थे। अभी पिछली रात की बात है कि मैं अपनी नन्ही सखी मैगी के साथ चुपचाप चला जा रहा था, उस तमिल लड़की के साथ और हम दोनों काफ़ी खुश थे। ग्लान वहाँ झोंपड़ी के बाहर बैठा है, और जैसे ही हम उसके पास से गुज़रते हैं, वह गर्दन हिलाता और मुस्करा देता है; लेकिन मैगी जिसने उसे पहली बार देखा था, उसके बारे में तरह-तरह के सवाल पूछने लगी। इतनी मुतासिर हो गयी वह कि जब चलने का समय आया, तो हम अलग हो गये, वह मेरे साथ घर नहीं आयी।

ग्लान ने इस बात को संजीदगी से नहीं लिया, जैसे कि इसकी कोई अहमियत ही न हो। लेकिन मैं नहीं भूला था। वह मुझे देखकर नहीं मुस्कराया था गर्दन हिलाते हुए; लेकिन मैगी को देखकर।

'वह क्या चबाती रहती है हर समय?' उसने मुझसे पूछा।

'मुझे क्या पता,' मैंने जवाब दिया। 'वह चबाती है बस, मुझे लगता है, क्योंकि उसके दाँत हैं।'

मेरे लिए मैगी का कुछ-कुछ चबाते रहना नयी बात नहीं थी, मेरा ध्यान इस ओर बहुत पहले गया था। लेकिन वह पान नहीं चबाती थी, उसके दाँत बिलकुल सफ़ेद थे; फिर भी उसकी आदत तरह-तरह की चीज़ें चबाने की थी, वह उन्हें उठाकर मुँह में डाल लेती थी जैसे वे अच्छी चीज़ें हों। कुछ भी हो

सकता था वह, सिक्के, कागज़ के टुकड़े, पंख वह हर चीज़ चबाती थी। फिर भी, उसे इस सब के लिए धिक्कारने की ज़रूरत नहीं थी क्योंकि इस सब के बावजूद वह गाँव की सबसे खूबसूरत लड़की थी; लेकिन ग्लान को मुझसे ईर्ष्या थी, बात बस इतनी-सी थी।

अससल में अगली ही शाम मेरी मैगी से फिर दोस्ती हो गयी, और हम लोगों से ग्लान की कोई मुलाक़ात नहीं हुई।

3

एक हफ़्ता बीत चुका था; हम रोज़ शिकार करने जाते और बहुत से जानवर मारकर ले आते थे। एक सुबह जब हम जंगल में प्रविष्ट होने ही वाले थे, ग्लान ने मेरी बाँह पकड़ ली और खुसफुसाया, 'ठहरो!' ठीक उसी क्षण उसने अपनी राइफ़ल उठाई और गोली चला दी। उसने एक नन्हे चीते को मार गिराया था। मैं खुद बड़ी आसानी से उसका शिकार कर सकता था, लेकिन ग्लान इसका श्रेय ख़ुद लेना चाहता था और इसलिए पहले गोली चला दी थी उसने। अब जिस क़दर शेखी बघारेगा वह, मैंने सोचा। हमने मृत जानवर के पास जाकर देखा; वह पत्थर की तरह निश्चल था, उसका बायाँ भाग फट चुका था और गोली पीठ में लगी थी।

अब मुझे अपनी बाँह थामे जाना अच्छा नहीं लग रहा था, तो मैंने कहा, 'ऐसे तो मैं भी गोली मार सकता था।'

ग्लान ने मेरी ओर देखा।

मैंने बात को जारी रखते हुए कहा, 'शायद तुम सोच रहे हो यह मेरे बस का नहीं था?'

ग्लान फिर भी जवाब नहीं देता। बजाय इसके वह अपना बचकानापन दिखाता है और एक बार फिर मरे हुए चीते पर गोली चला देता है, इस बार सिर पर। मैं एकदम हैरान होकर उसे देखता हूँ।

'ऐसा है,' वह मुझे समझाने लगा, 'मैं नहीं चाहता कि लोग कहें मैंने चीते पर सामने से वार नहीं किया।'

इतना बुरा निशाना लगाना उसके मिथ्याभिमान के लिए क़तई अच्छा नहीं था; वह हमेशा पहल करना चाहता था। कितना मूरख था वह! लेकिन इस

मामले का मुझसे कुछ लेना-देना नहीं था, मैं तो किसी को बताने वाला नहीं था।

शाम को जब हम मरे हुए चीते को लेकर गाँव वापस आये, तो बहुत से गाँव वाले उसे देखने आ पहुँचे। लेकिन ग्लान ने सिर्फ़ इतना कहा कि हमने सुबह उस चीते को मारा था, और कुछ नहीं बोला वह। मैगी भी आ पहुँची थी।

'किसने मारा चीते को?' उसने पूछा।

और ग्लान ने जवाब दिया, 'तुम ख़ुद ही देख सकती हो, गोली के दो निशान हैं, हमने सुबह शिकार किया था इस चीते का,' और उसने चीते को पलटकर मैगी को दोनों निशान दिखाये, एक बायीं ओर और एक सिर में। 'मेरी गोली यहाँ लगी थी', वह बोला, बायीं ओर का निशान दिखाते हुए; अपने छिछोरेपन में वह चीते के सिर में लगी गोली का श्रेय मुझे देना चाहता था। मुझे क्या पड़ी थी कि मैं उसकी बात का संशोधन करता, सो मैं चुप रहा। इसके बाद ग्लान गाँव वालों को छाँग पिलाने लगा, जितनी कोई पीना चाहता, वह उन्हें देता।

'तुम दोनों ने मारा है चीते को', मैगी अपने आप से बोली, लेकिन वह पूरा समय ग्लान की ओर देखती रही।

मैं उसे एक ओर ले गया और बोला, 'तुम हर समय ग्लान को क्यों देखती रहती हो? क्या मैं नहीं खड़ा हूँ पास में?'

'हाँ', वह बोली। 'और सुनो, मैं आज शाम को आऊँगी।'

अगले दिन ग्लान को वह पत्र मिला। नदी के स्टेशन से, लगभग एक सौ अस्सी मील घूम-घामकर, एक फ़ौरी सन्देशवाहक के हाथ वह ख़त उसे मिला था। पत्र किसी औरत की लिखाई में था और मैंने सोचा कि उसकी उस मित्र का होगा, उस भद्र महिला का। जब उसने ख़त पढ़ लिया तो वह घबरायी-सी हँसी हँसने लगा और उसने सन्देशवाहक को ख़त पहुँचाने के लिए कुछ अतिरिक्त पैसा भी दिया। लेकिन शीघ्र ही वह निराशा और ख़ामोशी में डूब गया और बैठकर सामने घूरने के सिवा कुछ कर भी नहीं पा रहा था वह। उस शाम उसने एक बौने ग्रामवासी और उसके बेटे के संग बहुत शराब पी; मुझसे लिपटकर वह मुझसे भी पीने का आग्रह कर रहा था।

'आज रात तुम बहुम मज़े में हो,' मैं बोला।

तब वह बहुत ज़ोर से हँसा और बोला, 'तो ये रहे हम, हम दोनों हिन्दुस्तान में कहीं अटके हुए शिकार करते फिर रहे हैं, क्यों? कितनी विचित्र बात है यह,

नहीं? मैं जाम उठाता हूँ दुनिया के सभी देशों और राज्यों के लिए, दूर या क़रीब की सभी ब्याही और कुँवारी खूबसूरत औरतों की सलामती के लिए हा! हा! सोचो ज़रा एक आदमी है, और एक शादी-शुदा औरत उससे दिल्लगी कर रही है, एक शादी-शुदा औरत!'

'काउण्ट की बीवी', मैं द्वेष से कहता हूँ। मैंने बहुत ज़हरीले ढंग से यह कहा था और वह आहत महसूस करने लगा। वह कुत्ते की तरह कुनकुनाने लगा क्योंकि उसे बहुत बुरा लग रहा था। फिर अचानक वह माथे पर बल डालकर आँखें झपकने लगा। और सोचने लगा कि कहीं वह ज़्यादा तो नहीं बक गया था, इतनी संजीदगी से वह अपना बेश्कीमती राज़ छिपाए था। लेकिन ठीक उसी क्षण बहुत से बच्चे भागते हुए हमारी झोंपड़ी तक चीखते-चिल्लाते हुए आये, 'शेर, ओहो, शेर!' गाँव के पास, नदी और गाँव के बीच एक झाड़ी में एक शेर ने किसी बच्चे को धर दबोचा था।

ग्लान के लिए इतना काफ़ी था क्योंकि वह बहुत नशे में था और पगला-सा गया था; उसने अपनी राइफ़ल उठाई और तुरन्त झाड़ी की तरफ़ भागा; वह टोपी तक नहीं पहने था। लेकिन बन्दूक की जगह उसने अपनी राइफ़ल क्यों उठायी अगर वह इतना ही बहादुर था? उसे नदी में से होते हुए जाना था, और ऐसा करना ख़तरे से खाली नहीं था, लेकिन बारिश से पहले नदी प्रायः सूख चुकी थी; एक क्षण बाद मैंने दो गोलियों की आवाज़ सुनी और फिर एक और गोली की। एक जानवर के लिए तीन गोलियाँ! सिंह होता तो दो गोलियों में ही ढेर हो जाता, फिर यह तो मामूली शेर था। लेकिन तीन गोलियाँ चलाने का भी फ़ायदा नहीं था, क्योंकि ग्लान के पहुँचने से पहले बच्चा कुचला और आधा खाया जा चुका था; अगर वह नशे में चूर न होता तो बच्चे को बचाने की कोशिश तक न की होती उसने।

उसने रात पीते हुए और बगल की झोंपड़ी में गुज़ारी जहाँ कोई विधवा अपनी दो बेटियों के साथ रहती थी—भगवान जाने वह उनमें से किसके साथ था।

अगले दो दिनों के दौरान ग्लान एक क्षण के लिए भी सन्तुलित नहीं था; वह आग्रहपूर्वक औरों को भी पीने के लिए लगातार राज़ी कर रहा था। वह फ़ालतू में मुझे भी रंग-रलियों में शरीक होने का न्यौता दे रहा था; उसे इस बात से कोई मतलब नहीं था कि वह क्या कह रहा था, और मुझे लगातार ताने मार

रहा था कि मैं उससे जलता हूँ।

'ईर्ष्या से अन्धे हो गये हो तुम,' वह बोला।

'ईर्ष्या और मैं! मैं तुमसे ईर्ष्या! मैं क्यों तुमसे ईर्ष्या करने लगा?'

'ठीक है फिर! तो तुम ईर्ष्या नहीं करते मुझसे', वह बोला। 'बहरहाल, आज शाम मैं मैगी से मिला था। वह हमेशा की तरह चबा रही थी।'

मैंने अपने शब्दों को काट खाया और वहाँ से चला आया।

4

हम लोग फिर शिकार करने लगे। ग्लान को लगा उसने मेरे साथ ज़्यादती की है और वह मुझसे क्षमा माँगने लगा।

'मैं वैसे ही हर चीज़ से बुरी तरह तंग आ गया हूँ,' वह बोला। 'मैं बस इतना चाहता हूँ कि किसी दिन तुम निशाना चूक जाओ और मेरे हलक़ में गोली उतार दो।' शायद काउण्ट की बीवी का ख़त था जो उसकी स्मृति में सुलग रहा था। मैंने जवाब दिया, 'जैसी करनी वैसी भरनी।'

दिन-ब-दिन वह और से और उदास और ख़ामोश होता चला गया; उसने पीना बन्द कर दिया था और वह बिना एक भी शब्द बोले यहाँ-वहाँ घूमता रहा करता था; उसके कपोल खोखले हो गये थे।

एक दिन अचानक अपनी खिड़की के बाहर मुझे बातचीत और हँसी सुनायी दी; मैंने बाहर देखा। ग्लान फिर से खुश नज़र आ रहा था, वह वहाँ खड़े-खड़े मैगी से ऊँची आवाज़ में बतिया रहा था। वह उसे तरह-तरह से रिझाने की कोशिश कर रहा था। मैगी सीधे अपने घर से आयी होगी और ग्लान उसकी राह देख रहा होगा। उन्होंने मेरी खिड़की के बाहर हिलमिल कर बातें करने में ज़रा भी संकोच नहीं किया था।

मेरा अंग-अंग फड़फड़ाने लगा, मैंने अपनी राइफ़ल का घोड़ा चढ़ाया, लेकिन फिर उतार दिया। गली में आकर मैंने मैगी की बाँह पकड़ ली; हम दोनों चुपचाप गाँव से बाहर निकल गये; ग्लान तुरन्त झोंपड़ी में घुसकर ग़ायब हो गया।

'तुम फिर उससे बातें कर रही थीं, क्यों?' मैंने मैगी से पूछा।

उसने कोई जवाब नहीं दिया।

मैं दुःख से पीड़ित था, मेरा दिल इतना ज़ोर से धड़क रहा था कि साँस तक लेने में मुश्किल हो रही थी मुझे। मैंने मैगी को इतनी खूबसूरत लगते हुए पहले कभी नहीं देखा था; मैंने किसी श्वेत लड़की को इतनी खूबसूरत लगते हुए कभी नहीं देखा था और इसलिए मैं भूल गया कि वह तमिल थी, उसकी बदौलत सब कुछ भूल गया था मैं।

'जवाब दो मुझे!' मैं बोला। 'तुम क्यों बात करती हो उससे?'

'वही सबसे अच्छा लगता है मुझे।'

'मुझसे भी अच्छा लगता है वह तुम्हें?'

'हाँ।'

तो यह है! वह उसे मुझसे अधिक चाहती थी, जबकि मैं उससे किसी भी तरह कम नहीं था! क्या मैं मैगी से हमेशा भलमनसाहत से पेश नहीं आता था और उसे पैसे और उपहार नहीं देता था? और ग्लान ने क्या कर दिखाया था भला?

'वह तुम्हारा मज़ाक उड़ाता है, वह कहता है तुम हमेशा चबाती रहती हो,' मैं बोला।

वह समझ नहीं पायी; और मैंने उसे समझाया कि उसे हर क़िस्म की चीज़ मुँह में डालकर चबाने की आदत है और ग्लान उसका मज़ाक़ उड़ाता था। इस बात का मेरी और बातों की तुलना में, उस पर बहुत गहरा असर हुआ।

'देखो, मैगी,' मैं बोलता रहा, 'मैं चाहता हूँ तुम हमेशा के लिए मेरी हो जाओ, क्या तुम्हें अच्छा नहीं लगेगा यह? मैं इसके बारे में सोचता रहा हूँ, जब मैं यहाँ से जाऊँगा, तुम मेरे साथ ज़रूर चलना। सुनो, हम लोग शादी कर लेंगे और हम दोनों अपने देश में जाकर बस जायेंगे। तुम्हें अच्छा लगेगा न, नहीं?'

और इस बात का भी उस पर असर हुआ। मैगी खुश हो गयी थी और चलते-चलते मुझसे खूब बातें भी कर रही थी। ग्लान का ज़िक्र उसने सिर्फ़ एक बार किया, उसने पूछा, 'और जब हम जायेंगे, क्या ग्लान भी हमारे साथ चलेगा?'

'नहीं', मैं बोला, 'वह नहीं चलेगा। क्या तुम्हें इस बात का दुःख है?'

'नहीं, नहीं', उसने फ़ौरन जवाब दिया। 'मुझे इस बात की ख़ुशी है।'

वह ग्लान के बारे में और कुछ नहीं बोली और मैं पहले से बेहतर महसूस करने लगा। और मेरे कहने पर मैगी भी मेरे साथ घर आ गयी।

कुछ घण्टे बाद जब वह चली गयी तो मैं सीढ़ियाँ चढ़कर ग्लान के कमरे तक गया और सरकण्डों के कमज़ोर से दरवाज़े को खटखटाने लगा। वह भीतर था। मैं बोला, 'मैं तुम्हें बताने आया था कि शायद हमें कल शिकार पर नहीं जाना चाहिए।'

'क्यों नहीं?' ग्लान ने पूछा।

'क्योंकि मैं कह नहीं सकता मेरा निशाना नहीं चूकेगा और मैं तुम्हारे हलक़ में गोली नहीं उतार दूँगा।'

ग्लान ने कोई जवाब नहीं दिया और मैं फिर से नीचे चला आया। इस चेतावनी के बाद वह कल शिकार के लिए निकलने की जुर्रत नहीं करेगा। लेकिन फिर वह मैगी को मेरी खिड़की के बाहर लाकर, उससे इतनी ऊँची आवाज़ में बातें क्यों कर रहा था? अगर ख़त में उससे घर लौट आने का आग्रह किया गया था, तो वह चला क्यों नहीं गया था? बजाय इसके वह दाँत पीस-पीसकर हवाओं में चिल्लाता फिर रहा था, 'कभी नहीं! कभी नहीं! इससे पहले तो मैं चाहूँगा कि मुझे घसीटकर टुकड़े-टुकड़े कर दिया जाये।'

लेकिन चेतावनी की अगली ही सुबह ग्लान पहले की तरह मेरी चारपाई के पास खड़ा होकर चिल्लाने लगा, 'उठो, उठो, मेरे दोस्त! आज मौसम बहुत अच्छा है, हमें शिकार करना चाहिए। और कल रात जो तुमने कहा था, सब बकवास था।'

अभी मुश्किल से चार बजे थे, लेकिन मैं तुरन्त उठ खड़ा हुआ और उसके साथ निकलने की तैयारी करने लगा, क्योंकि वह मेरी चेतावनी की अवहेलना कर रहा था। निकलने से पहले मैंने बन्दूक भरी और उसे देखने दिया कि मैं ऐसा कर रहा था। और तो और, उस दिन मौसम बिलकुल भी ठीक नहीं था, जैसा वह बता रहा था; पानी गिर रहा था और मेरा मज़ाक उड़ाने का वह एक और तरीका अपना रहा था। लेकिन मैंने कोई ध्यान नहीं दिया और चुपचाप उसके साथ हो लिया।

पूरा दिन हम जंगल में घूमते रहे, अपने-अपने ख़्यालों में डूबे। हमने कोई शिकार नहीं किया, एक के बाद एक मौका चूक जाने दिया क्योंकि हम शिकार का पीछा करने के बजाय कुछ और ही सोच रहे थे। दोपहर के करीब ग्लान मेरे आगे-आगे चलने लगा जैसे कि मुझे मौका दे रहा हो। वह बन्दूक की नली की सीध में चल रहा था, जानबूझ कर गुस्ताख़ी पर उतर आया था, जिसकी ओर

भी मैंने कोई ध्यान नहीं दिया। उस शाम हम घर लौट आये और कुछ नहीं घटा उस दिन। मैंने सोचा, 'शायद वह सँभल जाएगा और मैगी को शान्ति से रहने देगा।'

'यह मेरे जीवन का सबसे लम्बा दिन था', ग्लान ने उस शाम झोंपड़ी के पास खड़े-खड़े कहा।

हम दोनों के बीच और कुछ घटित नहीं हुआ।

अगले कुछ दिन वह बहुत गहरे विषाद में डूबा रहा, शायद उसी ख़त की बदौलत। 'नहीं सह सकता मैं! नहीं, नहीं सह सकता मैं!' वह कभी-कभी रात में चिल्ला उठता था; हमें पूरे छप्पर में सुनायी देता था। उसका गुस्सा ऐसा था कि दोस्ताना सवालों का भी जवाब वह नहीं देता था, जब भी हमारी मकान-मालकिन उससे बात करती थी। उसकी अन्तरात्मा पर बहुत बोझ था, लेकिन क्या वजह हो सकती है कि वह घर लौट जाने को तैयार नहीं था। उसकी इज़्ज़त का सवाल रहा होगा, मेरे ख़्याल से, वह ऐसा शख़्स साबित नहीं होना चाहता था जो ठुकराए जाने के बाद भी घिसटता हुआ वापस चला जाएगा।

मैं हर शाम मैगी से मिलता रहा, और ग्लान ने उससे बात करना बन्द कर दिया था। मैंने ग़ौर किया कि उसने चबाना छोड़ दिया था, वह अब कभी नहीं चबाती थी, और मैं इस बात से खुश था, और मैंने सोचा, अब वह चबाती नहीं है, एक ख़ामी और कम हो गयी है उसकी, और अब मैं उसे दुगना प्यार करता हूँ! एक दिन उसने ग्लान के बारे में पूछा, बड़े एहतियात से। क्या वह ठीक नहीं था? क्या वह चला गया था?

'अगर वह मर नहीं गया या चला नहीं गया', मैं बोला, 'तो शायद वह अपने कमरे में पड़ा होगा। मुझे क्या फ़र्क पड़ता है। अब उसे सहना बिलकुल मुमकिन नहीं है।'

लेकिन जैसे ही हम झोंपड़ी तक पहुँचे, हमें ग्लान दिखायी दिया, वह चटाई डाले ज़मीन पर पसरा हुआ था, उसके हाथ पीछे गर्दन पर थे, और वह आसमान में घूर रहा था।

'ख़ैर, वो रहा वह,' मैं बोला।

इससे पहले कि मैं उसे रोक पाता मैगी तुरन्त उसके पास चली गयी और प्रसन्न-सी आवाज़ में कहने लगी, 'अब मैं चबाती नहीं हूँ, तुम खुद ही देख लो; न पंख, न पैसे, न काग़ज के टुकड़े।''

ग्लान ने उसकी ओर कोई ख़ास ध्यान नहीं दिया और चुपचाप पड़ा रहा; मैगी और मैं वहाँ से चल दिये। जब मैंने उसे ग्लान से बात न करने का वादा न निभाने के लिए डाँटा, तो उसने जवाब दिया कि वह ग्लान को फटकारना भर चाहती थी।

'ठीक है, फटकारो उसे,' मैं बोला। 'लेकिन क्या तुमने उसकी ख़ातिर चबाना छोड़ा है?'

उसने कोई जवाब नहीं दिया। इसका मतलब है वह जवाब नहीं देगी?

'सुन रही हो तुम? तुम्हें बताना पड़ेगा, क्या उसकी ख़ातिर तुमने चबाना छोड़ दिया है?'

'नहीं, नहीं,' तब वह बोली, 'तुम्हारी ख़ातिर।'

और मुझे नहीं लगा कि ऐसा नहीं हो सकता। वह ग्लान की ख़ातिर क्यों करने लगी कुछ?

उस शाम मैगी ने मेरे पास आने का वादा किया; और वह आयी भी।

5

वह दस बजे आयी और मैंने बाहर उसे किसी बच्चे से ऊँची आवाज़ में बतियाते हुए सुना, वह बच्चे का हाथ थामे हुए थी। वह भीतर क्यों नहीं आ रही थी और वह बच्चे को साथ क्यों लेकर आयी थी? मैं उसे देखता हूँ, और मुझे शक होता है कि बच्चे के साथ ऊँची आवाज़ में बात करती हुई, किसी तरह का संकेत दे रही है, मैं यह भी देखता हूँ कि वह ऊपर अटारी पर नज़र जमाये थी, ग्लान की खिड़की पर। क्या उसने मैगी की आवाज़ सुनकर अपनी खिड़की से उसकी ओर सिर या हाथ हिलाकर इशारा किया था? बहरहाल, मुझे इतनी समझ तो थी कि ज़मीन पर खड़े बच्चे से बात करने के लिए आसमान की ओर देखने की ज़रूरत नहीं थी।

मैं बाहर जाकर उसकी बाँह पकड़ उसे भीतर लाने ही वाला था; लेकिन उसने बच्चे का हाथ छोड़ दिया, और उसे वहीं छोड़कर वह खुद ही भीतर आ गयी। वह ड्योढ़ी में प्रविष्ट हो चुकी थी। ख़ैर, आख़िरकार वह आ ही गयी थी; मुझे बहुत ज़ोर से डाँटना पड़ेगा उसे जब वह मेरे पास आयेगी।

मैं खड़ा हूँ और ड्योढ़ी से मैगी के कदमों की आहट सुन रहा हूँ; कोई

ग़लतफ़हमी नहीं है मुझे, वह मेरे दरवाज़े के बाहर खड़ी है। लेकिन तब मुझे सीढ़ियाँ चढ़ते उसके कदमों की आहट सुनायी देती है, मेरी ओर न आकर अटारी तक ग्लान की मड़ैया तक जाते हुए; मुझे बहुत स्पष्ट सुनायी देता है। मैं धकिया कर अपना दरवाज़ा पूरा खोल देता हूँ लेकिन मैगी ऊपर पहुँच चुकी है, दरवाज़ा उसके पीछे बन्द हो जाता है और फिर मुझे कुछ सुनायी नहीं देता। यह दस बजे की बात है।

मैं अपने कमरे में वापस जाता हूँ और बैठ जाता हूँ; मैं अपनी बन्दूक उठाता हूँ और भर लेता हूँ उसे, हालाँकि रात अभी आधी है। बारह बजे मैं सीढ़ी चढ़कर ग्लान के दरवाज़े पर खड़ा होकर सुनता हूँ। मुझे मैगी की आवाज़ सुनायी देती है, मैं सुनता हूँ कि वह ग्लान पर मेहरबान हो रही है, और मैं वापस नीचे चला आता हूँ। एक बजे मैं फिर ऊपर जाता हूँ; सब शान्त है। मैं तब तक बाहर खड़ा रहता हूँ जब तक वे जग नहीं जाते। तीन बज गये, चार बज गये; पाँच बजे जाकर उनकी नींद खुली। अच्छी बात है, मैंने सोचा; और मैं अलावा इसके कुछ और सोच ही नहीं पा रहा था कि वे उठ गये हैं और यह अच्छी बात है। लेकिन शीघ्र ही मुझे मकान-मालकिन के कमरे से शोर और चहलकदमी की आवाज़ें आने लगीं और मैं फुर्ती से नीचे उतर आया ताकि कहीं अचानक उसकी मुझ पर नज़र न पड़ जाए। जाहिर है कि ग्लान और मैगी जग चुके थे और मैं और बहुत कुछ सुन सकता था, लेकिन मुझे वहाँ से चले जाना पड़ा।

ड्योढ़ी में मैंने खुद से कहा, 'देखो, वह यहाँ से गुज़री थी, मेरे दरवाज़े पर उसकी बाँह छू गयी होगी, लेकिन उसने दरवाज़ा नहीं खोला; वह सीढ़ी से ऊपर चली गयी और यह रही सीढ़ी, ये रहे उसके चार कदम।'

मेरा बिस्तर अनछुआ पड़ा था, और मैं अब भी नहीं लेटा, मैं खिड़की के पास बैठा अपनी राइफ़ल को छेड़ रहा था। मेरा दिल धड़क नहीं रहा था, ज़लज़ला रहा था।

आधे घंटे बाद मुझे सीढ़ी से मैगी की पदचाप फिर सुनायी देती है। मैं खिड़की से सट कर लेटा हूँ और उसे झोंपड़ी से बाहर निकलते हुए देखता हूँ, वह अपनी छोटी-सी सूती स्कर्ट पहने थी जो उसके घुटनों तक भी नहीं आती थी, और उसके कन्धों पर एक ऊनी स्कार्फ़ था जो उसने ग्लान से लिया था। अलावा इसके वह बिलकुल नग्न थी, और उसकी छोटी-सी सूती स्कर्ट काफ़ी मुचड़ी हुई थी। वह बहुत धीरे-धीरे चल रही थी, जैसी उसकी आदत थी, और

उसने मेरी खिड़की की ओर नज़र तक उठाकर नहीं देखा। फिर वह झोंपड़ियों के बीच ग़ायब हो गयी।

कुछ देर बाद राइफ़ल बगल में दबाये ग्लान नीचे उतर आया, शिकार पर जाने के लिए तैयार। वह बिलकुल बुझा हुआ था और कुछ नहीं कहा उसने। लेकिन वह काफ़ी अच्छे कपड़े पहने था और इस बात का ख़ास ध्यान रखा था उसने कि वह देखने में अच्छा लगे। दूल्हे जैसा बन रहा है, मैंने मन ही मन सोचा।

मैं तुरन्त तैयार होकर उसके साथ हो लिया, और हम दोनों में से कोई कुछ नहीं बोला। पहली दो चिड़ियाँ जो हमने मार गिरायीं काफ़ी कुचली गयी थीं क्योंकि हमने उन्हें राइफ़लों से मारा था, लेकिन जितना अच्छे से हम उन्हें भून सकते थे, एक पेड़ के नीचे बैठकर हमने उन्हें भूना और बिलकुल चुपचाप उन्हें खा लिया हमने। इस तरह बारह बजे तक समय गुज़र गया।

ग्लान चिल्लाकर मुझसे बोला, 'तुम्हें पक्का पता है तुमने अपनी बन्दूक भरी है? हमें अचानक शिकार हाथ लग सकता है। जो भी हो, भर लो बन्दूक।''

'मैं भर चुका हूँ,' मैं बोला।

फिर वह एक क्षण के लिए झाड़ी की ओट में चला गया। कितना मज़ा आएगा मुझे उसे गोली मारते हुए, कुत्ते की तरह गोली मारते हुए। कोई जल्दी नहीं थी, उसे इस ख़्याल का मज़ा ले लेने देना चाहिए, क्योंकि वह अच्छे से जानता था मेरे मन में क्या था, इसीलिए उसने पूछा था कि मैंने बन्दूक भरी है या नहीं। आज भी वह अपने धृष्ट अहंकार को पोसने का लोभ संवरण नहीं कर पाया था; वह बन-ठन कर निकला था और नयी कमीज़ पहनकर आया था; उसके रंग-ढंग में अविश्वसनीय अक्खड़पन था।

एक बजे के क़रीब वह मेरे सामने आकर रुक जाता है, ज़र्द और क्रुद्ध, और मुझसे कहता है, 'न, मैं और नहीं सह सकता! ज़रा देखो तो सही तुमने बन्दूक भरी तो है न, देख लो भाई, तुम्हारी बन्दूक में कुछ है भी या नहीं।''

'तुम अपनी बन्दूक का ध्यान रखो,' मैंने जवाब दिया। लेकिन मैं अच्छे से जानता था वह मुझे मेरी बन्दूक के बारे में क्यों पूछ रहा था।

और वह फिर मुझसे दूर निकल गया। मेरे जवाब से उसके होश इस क़दर ठिकाने आ गये थे कि वह एकदम संयत हो गया था, और मुझसे अलग होते हुए उसने अपना सिर झुका लिया था।

कुछ देर बाद मैंने एक कबूतर मार गिराया और बन्दूक को फिर से भर

लिया। ग्लान एक पेड़ के पीछे आधा छिप कर देख रहा था कि क्या वास्तव में मैं बन्दूक भर भी रहा हूँ या नहीं। फिर वह एक भजन गाने लगता है, दरअसल ब्याह में गाया जाने वाला भजन। ब्याह का भजन गाता है वह और अपना सबसे बढ़िया लिबास पहने हुए है, मैंने मन ही मन सोचा, और इस तरह वह कल्पना करता है कि वह अत्यन्त सम्मोहक आदमी है। गाना ख़त्म करने से पहले, वह धीरे-धीरे मेरे सामने चलने लगा, सिर झुकाये और चलते-चलते अभी तक गाते हुए। वह फिर से मेरी बन्दूक की नली के ठीक सामने चल रहा था, जैसे सोच रहा हो : अब होने वाला है, इसीलिए मैं यह ब्याह का भजन गा रहा हूँ! लेकिन अभी कुछ नहीं हुआ था, और जब वह गाना ख़त्म कर चुका तो उसे मुड़कर मेरी ओर देखना पड़ा।

'मुझे नहीं लगता आज हम कोई शिकार कर भी सकते थे,' वह मुस्कराते हुए बोला, जैसे शिकार के दौरान गाने की झेंप मिटाते हुए अब क्षमा-याचना कर रहा हो। फिर भी उस क्षण उसकी मुस्कान बड़ी खूबसूरत थी; ऐसा लग रहा था जैसे वह मन ही मन रो रहा हो; और वाक़ई उसके ओंठ काँप रहे थे, हालाँकि वह इस संजीदा घड़ी में भी मुस्करा पाने का स्वाँग कर रहा था।

मैं औरत नहीं था, और वह अच्छे से देख चुका था कि मुझपर उसका कोई असर नहीं था; वह अपना सब्र खो बैठा था और पीला पड़ चुका था; वह मेरे चारों ओर तेज़ कदमों से घूमने लगा, कभी बाएँ कभी दाएँ, बीच-बीच में रुककर प्रतीक्षा करते हुए। अचानक पाँच बजे के आसपास मैंने गोली की आवाज़ सुनी, और मेरे बाएँ कान के पास से एक गोली सनसनाती हुई गुज़र गयी। मैंने ऊपर देखा। ग्लान मुझसे कुछ कदम की दूरी पर निश्चल खड़ा था और मुझे घूर रहा था, उसकी धुएँदार राइफ़ल उसकी बाजू पर टिकी थी। क्या उसने मुझे गोली मारने की कोशिश की थी? मैं बोला, 'तुम चूक गये हो, पिछले कुछ समय से तुम ठीक से निशाना नहीं लगाते रहे हो।'

लेकिन वह बुरी निशानेबाज़ी नहीं कर रहा था, वह कभी नहीं चूकता था, वह सिर्फ़ मुझे भड़काने की कोशिश कर रहा था।

'शैतान के लिए फिर बदला क्यों नहीं लेते तुम?'

'समय आने पर,' मैं दाँत पीसते हुए बोला।

हम खड़े-खड़े एक-दूसरे को देखते रहते हैं, और अचानक ग्लान कन्धे उचकाकर चिल्लाता है 'कायर!' वह मुझे कायर क्यों कह रहा था? मैंने अपनी

राइफ़ल कन्धे पर रखी, उसके चेहरे को लक्ष्य किया और गोली चला दी।

जैसी करनी, वैसी भरनी।

लेकिन ग्लान के परिवार को अब कोई ज़रूरत नहीं है कि वे उसे ढूँढ़ते फिरें; एक मरे हुए आदमी के बारे में जानकारी देने के लिए इनाम के बेतुके विज्ञापनों से मैं लगातार चिढ़ता रहता हूँ। टॉमस ग्लान एक दुर्घटना में मारा गया था, हिन्दुस्तान में शिकार करते समय दुर्घटनावश गोली का शिकार हो गया था वह। अदालत एक सिली जिल्दवाले रजिस्टर में उसका नाम और उसकी मृत्यु की परिस्थितियों को दर्ज भी कर चुकी है, और उस रजिस्टर में लिखा है कि वह मर चुका है, मैं बता रहा हूँ, और यह भी कि उसकी मौत एक आकस्मिक गोली से हुई थी।